【動画でわかる】

英語授業ハンドブック

小学校編

金谷 憲 [編者代表] 粕谷恭子・物井尚子 [編]

大修館書店

まえがき

　本書は，既刊の『[大修館] 英語授業ハンドブック〈中学校編〉』，『[大修館] 英語授業ハンドブック〈高校編〉』に次いで新たに加えられた小学校編です。2020年度から教科化された小学校英語の授業を行う時の参考として編まれたものです。

　中・高編も含めて本ハンドブックは，「英語教育ハンドブック」ではなく，「英語授業ハンドブック」です。つまり，授業に直接役立つという点に焦点をあてて，英語教育についての様々な情報を提供することを目的にして刊行されたものです。

　ハンドブックと名の付くものは既に多数出版されていますが，本書では日々の授業にすぐに役立つ情報に絞って，その最新情報を掲載するよう最大限心がけました。その内容も，網羅的に指導方法などを列挙するのではなく，項目を厳選して授業を行うために，「これだけは知っておきたい」ノウハウ，「これは案外知られていない」といった項目，そして，「細かいけれど知っていると授業を行う上で便利な」具体的工夫を取り上げるようにしました。

　本書のもう1つの特徴は，映像がついていることです。本邦初の映像つき英語授業ハンドブックです。授業は生き物です。言葉による説明だけでは，わかりにくいものです。教師のちょっとした仕草や，言葉の間などで実際の授業は天と地ほどの違いが生じてしまいます。言葉でいくらうまく説明されても，どうしてもピンとこないところが残るものです。そんな時でも映像を見れば一目瞭然，容易に理解できるようになります。そのため本書では，映像をつけました。

　新設の教科である小学校での英語指導には，中高とは異なる困難が予想されます。同時に，中高では実践できない新たなチャレンジでもあります。このチャレンジを児童にとって意味のあるものするための大いなる手助けとなることを祈り，小学生に英語を教えるすべての先生方に本書を贈ります。

2020年12月

金谷　憲

全国の小学校では，小学3年生から「外国語活動」，5年生から「外国語」が学ばれるようになり，子どもたちにとって外国語がこれまで以上に身近な存在になりました。毎日の生活の中に外国語があるということは，子どもたちにとってどのようなことなのでしょう。私たちは「世界とつながる未来を考え，胸が高鳴り，ワクワクすること」であってほしいと考えます。そして，そのためには，先生方の積極的な後押しがどうしても必要なのです。

　本書は，これからの小学校での英語教育を支えてくださる方々が，授業づくりのヒントや考え方についての情報が欲しい時に，さっと手に取り，必要な情報を得られるよう，扱う内容を厳選しました。第1章は授業に必要な項目について，ほぼ見開き2ページでその内容が収まるよう，情報をコンパクトにまとめました。第2章は「指導技術」と題して，実際に授業を進める際の指導のポイントをわかりやすくまとめました。第3章は，先生方のさらなる英語力増強のために，教室英語，英語の書き方，発音，文法に関する情報を整理しました。また，第1章，第3章3の内容は第4章掲載のQRコードを確認していただくことで，映像による実演・解説を利用できます。はじめから読むのではなく，ご自身が必要な時に，必要な部分を読んでいただけたらと思います。

　第1章には，実際に日々授業づくりに取り組まれている先生方にご登場をお願いし，これまでの体験をもとに発見した授業のコツを存分にご披露いただいています。また，第3章は『英語授業ハンドブック』シリーズとして既に刊行されている高校編，中学校編の編著者の先生方に英語面でのご示唆をいただきました。ご自身のお授業と重ね合わせながら，そのコツを明日からの活動のヒントにしていただけたら，また，ご自身の英語力のさらなるブラッシュ・アップに利用していただけなら，これほど嬉しいことはありません。

　最後になりますが，本書刊行にあたり，動画撮影にご協力くださいました千葉大学附属小学校の先生方，そして5年生の有志の皆さんに心から感謝しています。また，企画段階から刊行に至るまで，多大なるご協力とご支援を賜りました大修館書店編集部の小林奈苗氏に切に御礼を申し上げます。

2020年12月

粕谷恭子・物井尚子

目次

第 **4** 章

動画は各ページのQRコードよりご覧いただけます。

付属動画内容解説 ……………………………………………………69

コラム

［動画でわかる］英語授業ハンドブック＜小学校編＞

はじめに

――小学校で英語を教えるために

① ▶ 小学校が果たす英語教育での役割とは？

英語学習において，小学校が果たす役割を考えるために学習指導要領（2017）を見てみましょう。

中学校・高等学校も合わせて眺めるのが大事

学習指導要領というと，つい自分に関係する校種のものだけを単体で読みがちですが，小学校に加えて中学校，高等学校の学習指導要領を読むと何がポイントか見えてくることがあります。

小学校の外国語活動，外国語，中学校，高等学校の外国語の目標を並べてみると「外国語によるコミュニケーションにおける見方・考え方を働かせ，…（中略）…コミュニケーションを図る資質・能力を次の通り育成することを目指す」という部分が同じであることがわかります。中学校，高等学校の外国語の目標に「コミュニケーションを図る資質・能力」と記述されているのに対して，中学年は「コミュニケーションの素地」，高学年は「コミュニケーションの基礎」となっています。日本の教育を受ける子どもたちは，10年間を通じてコミュニケーションを図る資質と能力を育成するために英語を学ぶことになるわけです。学習指導要領にコミュニケーションという言葉が登場したのは，1989（平成元）年の改訂からであり，これ以降，英語教育の目標とコミュニケーションという言葉が密に関わっている歴史があります。

コミュニケーションの体験を通して英語を学ぶ
（言語活動の再定義）

「コミュニケーション」という言葉が冠についた英語の授業はどのようなものであるべきでしょうか。先の学習指導要領の目標に，「言語活動を通して」というくだりがあります。

「言語活動」は，今回の学習指導要領で「実際に英語を用いて互いの考えや気持ちを伝え合う活動」と説明されています。つまり，外国語活動や外国語科で扱われる活動であっても，手本となるやり取りを暗記して発表するだけの活動，英語の文字を機械的に書く活動は，「練習」として区別されます。このように考えると，これまで「言語活動」として授業で扱ってきた活動の中には，互いの考えや気持ちを伝え合う，というところまでを求める活動はそれほど多くなかったかもしれません。もちろん，練習のない英語学習というのは，土台無理な話ですが，練習だけで授業（あるいは単元）が終わってしまっていないかを確認して授業を組んでいくことは，教師にとって極めて大切です。

「互いの考えや気持ちを伝え合う」ということは，児童一人一人が「自

分の考えや気持ちを相手に伝え，受け取る」ことで成立します。児童は自分の考えや気持ちに合う語句や表現を使ってやり取りする必要があります。例えば，自分の町に何があるか，自慢気に紹介するとします。「公園がたくさんある」と言いたい場合，parkという語句を使える必要があります。また，「～がある」はこの場合，haveを使うと理解している必要があります。このようにして，学習指導要領でいう学力の３要素の「知識及び技能」を確実なものにし，さらに増やしていくことになるわけです。

　言いたいことが複数ある場合には，どのような順番で組み合わせたら相手に伝わるのかを考える作業が必要になります。例えば，自分の町の好きな所として「公園がたくさんあるから」の他に「野球場があるから」「大きな図書館があるから」と言いたい場合，どの順番で伝えたら，共感を得られるのかと考えることが重要になります。様々な活動体験を通して，学習指導要領でいう「思考力，表現力，判断力等」をフルに活用する場面が与えられることになるのです。

　先に述べた学習指導要領の目標に「外国語によるコミュニケーションにおける見方・考え方を働かせ」とあります。この「見方・考え方」を中央教育審議会答申（2016）では「外国語で表現し伝え合うため，外国語やその背景にある文化を，社会や世界，他者との関わりに着目して捉え，コミュニケーションを行う目的・場面・状況に応じて，情報を整理しながら考えなどを形成し，再構築すること」と定義しています。そうであるならば，授業中に言語活動を行う際，英語でコミュニケーションを行う目的・場面・状況を教師がしっかりと吟味する必要があります。

　例えば，happy birthdayという表現を扱った場合，バースデー・カードを友だちと送り合う，という言語活動が考えられるでしょう。どんなカードを用意するか，どんな風に誰に渡すかと思いを巡らせることは，言葉に命を吹き込むことになり，主体的にコミュニケーションを図ろうとする態度（学びに向かう力，人間性等）を養うことにつながります。

　外国語でのコミュニケーションの目的，場面，状況を考えることは，小学校の外国語活動，外国語科だけでなく，中学校，高等学校の外国語科でも目標になっています。つまり，早い段階から意味のある言語活動を通じて，体験的に英語を学習していくことが，中・高等学校段階でのコミュニケーション能力を支えることになるのです。

学力の３要素

知識及び技能

思考力・判断力・表現力等

学びに向かう力・人間性等

コミュニケーションの目的や場面，状況に応じた言語活動を

2 ▶ 小・中・高の中での小学校英語の位置づけ

　2020年からは，外国語活動が中学年対象となり，外国語科が高学年対象となります。これまでに比べると英語に関わる学年は，5・6年生の2年間から，3・4・5・6年生の4年間，英語の学習時間もこれまでの75単位時間から210単位時間と約3倍になります。そうはいっても，週に1，2回の頻度で最大でも毎回たったの45分しかないわけですから，中学校，高等学校で週4〜5時間学んでいることに比べると大きなギャップがあるのも事実です。この限られた時間数の中で，また授業以外で英語に触れる機会がまだまだ少ない日本の環境下で，小学校段階では子どもたちはどのようなことに触れ，身につければよいでしょうか。

外国語活動で大切なこと①──「聞くこと」「話すこと」の扱いは？

　中学年の外国語活動は「聞くこと」「話すこと」の言語活動で構成されます。「読むこと」「書くこと」の2領域は高学年までお預けです。ここが従来の日本の英語教育とは大きく異なります。

　「聞くこと」「話すこと」の2技能に絞りこんで活動する2年間が与えられたことで，文字が導入される前に，豊富に英語の音を聞く，話すことを経験する中で「英語の音声やリズムに慣れ親しむ」ことが期待されています。音の情報がたっぷり入った子どもたちを見ていると，言葉を学ぶというよりは，その音を楽しんでいると感じている場面に出会うことがよくあります。子どもたちが "My name is Kayo." と聞いて「マヨネーズ？マヨネーズ？」という反応していたことがありました。My name is ....が発音されるときの英語特有の音の繋がりを子どもたちの耳が上手に捉えているのがわかります。こういった才をあらわにするのは，文字から学習を始めた人にはなかなか難しいことです。

　英語の「リズム」を意識させるためには，単語を超えて，もう少し長さのある句や文を比較させる機会を与えるとよいでしょう。My name isがマヨネーズに聞こえるのは，my, name, isという3単語に同じだけの強さと時間をかけて発音するのではなく，文レベルでの強勢（文強勢）がnameにあり，他の単語に比べてnameがやや長く発音されるので，そのすぐ前にくるmyと次にくるisと切れ目なく，まるでmynameisであるかのように聞こえるからです。"マヨネーズKayo." のできあがりです。このようなリズムを体験的に知っている児童は，その後の高学年で文字が導入される際に，さらには中・高の4技能統合型の英語学習が開

始される際に，英語の音を土台に文字情報を取り入れることが可能となります。また，このリズムが文構造（文のまとまり）に気づくための役に立ち，文法理解の第一歩になります。

外国語で大切なこと②──「読むこと」「書くこと」の扱いは？

　　５，６年生になると「読むこと」「書くこと」も扱うことになります。しかし，その目的や内容は，私たちが中学・高校で経験した「読むこと」「書くこと」とはかなり様相が異なっていることを忘れてはなりません。

　アルファベット文字に関する知識・技能について，学習指導要領ではそれほど多くのことは求められていません。大文字と小文字を見て「エィ」「ビィ」など文字の名前を発音できること，特に小文字は，文字の高さに注意を払って書くことが大切になります。

　語句や表現については，すでに「音声で十分に慣れ親しんだ簡単な語句や基本的な表現」に限っての読み書きとなります。特に「書く」ことについては「書き写す」ことが基本であり，そばにある手本の中から，自分が表現したい内容に関わるものを選び取って写し書く，あるいは見本を参考にして（文，あるいはまとまりのある文章を参考に，その中の一文，あるいは一部分の語を置き換えて）「書く」ことになります。単語の綴りを暗記したり，見本がない状態で書いたりすることは求められていません。

　「音声で十分に慣れ親しんだ」語句や表現を用いて，読んだり，書いたりする──つまり，ここでも，鍵になるのは「聞く」「話す」の活動で，豊富に与えられる英語の音声情報になるわけです。

　「読むこと」「書くこと」を扱うからといって，意味と音声がしっかり結びついていないものが書かれた文を読まされたり書き写させられても，それは音も文字もむなしく，言語活動とは呼べません。学習者が，小学校のうちに英語の音を大量に蓄え，文字との結びつきへの意識が刺激されていれば，中学校で本格的な英語学習が始まってもたじろぐことなく，頭の中で英語の音を文字に変換する，目にした英文を音声情報に照合して理解する，ということが効率よくできることが期待されます。

10年間の英語教育の中での小学校の役割

　小学校での４年間，中学校での３年間，高等学校での３年間，計10年間の英語教育という長い時間の中で，小学校の英語教育ができることには限りがあります。私たちが授業者としてできるのは，数多くの英語に触れさせる体験を通して，学習者が，英語の音，文字，語彙，表現，文構造，言語の働きなど，様々なことに気づく機会を提供することではないでしょうか。そのことが，その後の長い道のりを走り続けるための子どもたちの基礎体力になるはずです。

③ ▶ 学習者の年齢と特徴──第二言語習得の知識

　「早く勉強を始めたら，英語がうまくなる」（「遅く始めた学習者は，早くに始めた学習者には敵わない」とも言い換えられるでしょうか）という通説は，英語を勉強した人なら，誰もが一度は耳にしたことがあるのではないでしょうか。ここで通説，という言葉を使ったのには意味があります。これを研究で証明することはとても難しいのです。早く始めることが語学の成功の決定的要因ではないからです。

　PfenningerとSingletonが2009年〜2015年にスイスのチューリッヒで行った研究を紹介します。スイスは，ドイツ語など4種の公用語を定めている国で，日本とは違い，多くの言語が飛び交う国です。チューリッヒ州では，2000年前後の教育改革により，英語は13歳から8歳へと学習開始年齢が変わりました。この研究では，13歳と8歳で英語の勉強を始めたグループそれぞれの13歳と18歳の時点での英語力をリスニング，語彙，文法など様々な観点で比較しました。その結果，13歳の時点で差があったのは語彙力のみで，この差も6か月後には消滅し，18歳の時点でも2グループ間に差は生じませんでした。このことから，この研究では，語学学習の成功を決定するのが単に学習経験の長さではなく，学習の頻度また累積の学習時間の重要性と述べています。小学校での英語教育が開始されることにより，日本人学習者の英語学習時間，そして頻度は増えるわけですが，学習時間が長くなるからと安心せず，質の高い英語教育を目指すべきことは，中学校，高校でも同じです。

子どもの学びの特徴①──音をかたまりで捉える

　それでは質の高い小学校での英語教育を実現するためには，どうしたらよいのでしょう。まず，教師が子どもの学びの特徴をしっかり把握することにあります。音声の獲得については，大人と子どもでは大きな違いがあります。子どもたちが言葉を学ぶ時には「聞く」「話す」の音声情報が中心になります。音声を「分解せずに丸ごと」聞き取り，そのかたまりを丸ごと口から出すのです。高学年より中学年，中学年より低学年というように，年齢が下がるほど，丸ごとの音を聞き取り，より忠実に音を繰り返すことができます。年齢が低ければ低いほど音に敏感で，話し手の口元を見なくても，耳だけで音を再現するのがうまいのです。

　この特徴を考慮すると，子どもたちのために，と思って先生がポーズを入れながら文を話したり，読み上げたりするのは，実は子どもたちが

正しく英語の音に触れる妨げになります。"I like apples."と聞けば"I like apples."が子どもたちの口から出てきますが，"I・Like・Apples"と一語一語区切って聞かせた子どもたちからは"I like apples."という音のかたまりが出てくることはありません。子どもたちに話してもらいたいような，自然な英語の音声をたっぷりと聞かせることが大切です。

子どもの学びの特徴②——類推する力に優れている

　子どもたちは，類推する力がとても優れています。全ての単語がわからなくても，聞こえた英語の音の中から，自分の知っている語句や表現の音を抜き取って，意味をつなげる力があります。ALTが英語で話をすると，わかった単語だけをつないで，言われていることの意味を推測するような場面によく出会います。子どもたちは，知っていることを駆使して，自分でルールを発見するのが得意なのです。近くにいる大人のほうが一言一句理解しようと意識するあまり，少しでも知らない単語や表現に出会った途端にわからなくなる場面が多いかもしれません。

　このことから，不用意に日本語で訳すことは控え，子どもたちが知っていると思われる簡単な英語表現を使って授業を進めることが，言葉の意味と英語の音をつなげること，さらには文字につなげることにとても有効です。また，日本語の助けをかりず，英語の音や文字だけで理解できたという経験は，授業中に彼らに大いなる達成感を与えます。子どもたちが明日も英語を勉強しよう，という気持ちが持てるよう，子どもたちの類推力を活用する機会を頻繁に与えたいものです。

子どもの学びの特徴③——中学年と高学年は異なる特徴がある

　中学年と高学年の学習者としての特徴は，大きく異なります。ここを一括りにすると授業がうまくいきません。高学年は，速いスピードで知的に発達する時期で，その知的好奇心を満たすことのできるような題材が必要になってきます。また，論理的に思考するようになるため，理屈がわかること・納得することが彼らの学びでとても重要になります。例えば，語順のような文構造への気づきが生まれるよう文構造の同じ文をいくつか並べて提示することなどは，自らルールを発見するという自主的な学びに発展し，高学年で大切な授業の要素となってくるでしょう。

　一方で中学年は，音をかたまりで覚える，ということにより長けていますから，歌やチャンツ，早口言葉など，リズミカルな教材を用いて，英語らしい音にふんだんに触れさせることが大切です。また，そのリズムにのって体全体で表現することを楽しいと感じられる年頃です。歌を歌う場面で，歌詞に合った体の動きを取り入れることで，全身で英語を感じるような場面を用意してあげたいものです。

コラム ①

主体的・対話的で深い学びとは？

　「主体的・対話的で深い学び」とは，資質・能力の育成に向けて，授業中に実現させたい子どもの学びの姿（田村, 2018）です。新学習指導要領では「主体的・対話的で深い学び」を実現させるために，教師が授業の工夫や改善を重ねることが大事だとされています。

　外国語教育における「主体的な学び」「対話的な学び」「深い学び」とはどのような子どもたちの姿になるのでしょうか。

　「主体的な学び」とは「小学校では，やってみたいという気持ちを持って活動に取り組んだり，楽しみながら活動をしたり，自分の本当の気持ちや考えを伝え合いたいという思いを持って活動している時，主体的に学んでいる」ことを指します。子どもたちの普段の生活に直結し，楽しめる内容を含む活動を用意するのは教師の仕事です。子どもたちの興味や関心に合う活動，また彼らの視野を広げるために，社会や世界など新しい視点を備えられる活動も取り入れたいものです。

　「対話的な学び」とは「表面的なやり取りのことではなく，他者を尊重して情報や考えなどを伝え合い，自らの考えを広げたり深めたりする」ことと言えるでしょう。教師が，スキットを丸暗記させ，何の感情移入もできない表現練習をさせることから脱皮して，子どもたちに意味のあるやり取りを英語で経験させることは，彼らの何よりの財産になります。

　「深い学び」は，英語は子どもたちの母語でないため，他教科ほど深くはなりません。それでも，コミュニケーションを行う目的・場面・状況等に応じて思考力・判断力・表現力等を発揮する中で，言語の働きや役割に関する理解や外国語の知識が深まったり，それらの知識を実際のコミュニケーションで運用する技能が確実なものになることが期待されます。子どもたちが，自分の手持ちの単語や表現とにらめっこして，文をつくる力につなげられる汎用性のある深い学びをぜひ授業で実現したいものです。

田村学（2018）「次期学習指導要領を理解するためのキーワード」『英語教育』2018年10月増刊号

文部科学省（2017）『小学校外国語活動・外国語　研修ハンドブック』

第 **1** 章

より良い授業づくりのために

—授業に必要なこと

① ▶ 単元の組み立て方

　児童が授業の時間を越えて，学んだ英語が使える人に育つためには，言葉の学びの特性をよく理解して指導していく必要があります（下図参照）。

　「決められた会話文を何度か練習して，活動で使わせる」——これまでは，このような授業が多くの場で行われてきました。しかし，これからは，学習指導要領に示されているように，「音声で十分に慣れ親しむ」ことを土台にして学習を進めていくことが求められています。では，どのように指導を進めていくとよいのでしょうか。

１時間で完結の
授業は望まない

　外国語活動・外国語科でも他教科同様，単元の目標を立て，その目標に向かって各授業の目標を立てます。が，言葉はそう簡単には身につかないことを深く理解し，適切な単元目標・授業目標を立てることが他教科以上に重要です。単元のはじめの授業の目標を「（未習の）〇〇について伝え合う」と設定したのでは，教える教師も，学ぶ児童も互いに苦しくなります。また，１時間目は語彙を言えるように，２時間目は質問文を言えるように，３時間目は答えの言い方を身につける，というような単元計画においては，「聞いてわかる力」「音声を蓄える十分な経験」が基盤になって話せるようになる，という視点が感じられません。

　仮に，練習して言えるようになった児童がいたとしても，そのほとんどは，短期的な記憶であって，本当に時を越え，場所を越えても使える英語として身についているか，となると，そうではありません。次時に新しい会話を学ぶと，本時で学んだことが消えていき，積み重なっていかない，その結果，いろいろな会話をしてきたけれども，残るものがないということになりがちです。

　そのように考えると，言葉の学びは大変奥が深く，難しいと感じます。学習時間後，消えてしまうこともありえます。ですから，単元全体を通して，ターゲットとなるセンテンスに慣れ親しませ，定着につながるよう，活動を組んでいきます。

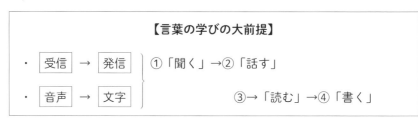

【言葉の学びの大前提】
・ 受信 → 発信 　①「聞く」→②「話す」
・ 音声 → 文字 　　　　　③→「読む」→④「書く」

音声の受信	**①まずはたっぷりと英語を聞かせる**

　単元のはじめは本単元で身につけさせたいセンテンスを繰り返し聞かせていく活動を組みます。「授業」となると，教師が教え，児童が学ぶというイメージが強くなりますが，言葉を学ぶ授業では，練習ではなく，実際に言葉を使っていく活動をしていかなければ，言葉は身につきません。自分の本当のことを話す場を設定し，話したいことが児童の口から英語で出てくるまで，そのセンテンスを繰り返し工夫して聞かせていきます。

音声による発信	**②英語の入りを確認しつつ，徐々に話す活動に展開する**

　たくさん聞かせていくと，「英語を話しなさい」と言わなくても，児童の口から英語が出てくるようになります。聞かせる活動をしつつ，どの程度，児童の中に言葉が入ってきているかを探ります。十分言葉が入ってきたら，児童に話させる活動を展開します。

文字による受信	**③音声活動を十分行った後，「読む」活動へつなげる**

　音声を聞いたことがないものを見せ，読ませると，途端に文字をたどたどしく読む活動になってしまいます。せっかく，音声を中心に学んできても，英語らしい音声の獲得が台無しになってしまいます。その音に慣れ親しんだ後，その文字を読むという順番に活動を組んでいきます。

文字による発信	**④「書く」活動は「聞く」「話す」「読む」活動を十分行った後に**

　「聞いてきたことを書く」「話してきたことを書く」「読んできたことを書く」，このように様々なやり方で書く活動を行います。意味や音を知らないで書き写す活動は，暗号の書き写し状態になります。音と意味と文字が結びつくようにして文字を書かせていきます。

単元の活動内容の割合例

時間	1	2	3	4	5	6	7	8
活動	聞く活動を中心に	聞く活動を中心に	聞く活動	聞く活動	聞く活動	聞く活動	聞く活動	聞く活動
					話す活動	話す活動	話す活動	話す活動
		話す活動	話す活動	話す活動		読む活動	読む活動	読む活動
				読む活動	読む活動	書く活動	書く活動	書く活動

▶ **１時間の授業の流れ（単元の後半を例に）**

［本節の内容は第4章（pp.70-74）掲載のQRコードから関連動画をご覧いただけます］

①授業のはじまり

　英語の授業で表面化していることは「児童と教師のやり取り」でありたいと考えています。言葉は練習ではなく，使うことによって身につくという考えからです。授業の中に「練習」「本番」の活動を置くのではなく，全てが会話の本番であるという意識で進めます。

　英語の授業を始める際，英語を話す国の文化を考えてあいさつをします。他の授業では，「起立，これから○○の授業を始めます。礼　お願いします。」というように始めるでしょうか。英語の授業では，いろいろな表現があると思いますが，私の町では，（教師）"Let's start today's English lesson. Good morning, everyone. How are you?"（児童）"I'm fine, thank you. And you?"（教師）"I'm fine, too, thank you."のようにあいさつをしています。

　"I'm hungry." "I'm sleepy." "I'm sad."などの表現を使ってあいさつさせる授業を目にすることもありますが，その国の文化を教えたいと考えています。欧米の日常のやり取りを基本に，英語を使う国の人々がどのようにあいさつをするのかを教えることを大事にしています。時と場に合った言葉を使えないと，不自然だと思われてしまうからです。

②自然な会話からの "Sit Down Game"に

　あいさつに続けて，Sit Down Gameを行います。これは，「先生は～なの。みんなはどう？」といった英語の問いかけで，本時のターゲット・センテンスをたくさん聞かせる活動です。教師が全ての児童と1対1で会話するため，その学級の人数分，同じセンテンスを聞かせることができます。どの児童と会話が済んだかわかるよう，会話した児童から座らせます。例えば，（教師）"I like pizza. What food do you like?"（児童）"I like hamburgers."（教師）"Oh, you like hamburgers."というように，一人一人にテンポ良く尋ね，返答に共感していきます。

③英語らしい音声に慣れ親しむ歌を

　一通り，児童とのやり取りを終えた後に，歌の活動に入ります。これは英語らしい音の流れに慣れ親しませるために有効な活動です。英語は，日本語のように1音1音をはっきり区切って話しません。ストレス（ ´ の部分を強く発音する）"ápple [ǽpl]"やリンキング（文章中で単語の末尾の音と直後の単語の先頭の音が連結する）"When is your birthday?"など，日本人の耳にはなじみのない音の流れを持っています。ですから，その音の流れに慣れ親しませることが大事です。

④単元のターゲット・センテンスを再び	Sit Down Gameとは違う場の設定の中で，もう一度本時のターゲット・センテンスを聞かせたり，話させたりする活動を設定します。 　また，ここでは，教科書の聞く活動や動画を視聴する活動などを通して，自分たちが話してきた内容について他の人たちが話していることを聞かせ，その内容を大まかに理解させたり，自分だったらどうかを話させたりして英語を聞くことを楽しませます。まとまった英語を聞き，何となく内容を理解する力は，英語学習を支える基本的な態度であり，心情的な要素としても大変重要です。全てを理解できなくても，捉えられた言葉から話の内容を類推しわかろうとする気持ち，英語にたじろがない心のたくましさも併せて養いたいと考えます。
⑤聞いてきたこと・話してきたことを読んでみる	音声に十分慣れ親しめた時期に，英語の文章を見せ，読み聞かせていきます。そうすることで，児童は，音声と意味を一致させ，文字を追うことができます。今，ここら辺を読んでいそうだ，こんな内容だろう，など，想像をふくらませながら，文字に出合います。何度も工夫して聞かせていくことで，無理なく読む学習が進められます。
⑥聞いてきたこと・話してきたこと・読んできたことを書いてみる	音声に十分慣れ親しみ，音と文字が一致したら，実際に文字を書く活動に入ります。日本語でも「話せるけれど，書くことは難しい」と思うように，文を書く学習には，かなりのハードルがあるため，音声が十分に身についていない中で焦って行うと大失敗につながります。 　３・４年生の外国語活動で「文字遊び」をしながら，アルファベット文字の大文字・小文字に慣れ親しませておくこと，文字の形と文字の名前を一致させておくことが大切です。 　子どもたちは，他教科でもアルファベットの大文字はよく目にしていますが，小文字は目にする回数が少なく，小文字を書くことに特に困難を感じます。活動の中で繰り返し書かせていくことで，アルファベット26文字を４線の上にしっかり書けるようにしていくと，文章のなぞり書きや写し書きの活動がスムーズに進みます。
まとめ	「知識・技能」「思考・判断・表現」「主体的に学習に取り組む態度」について３段階で自己評価させます。また，本時のめあてとして教師が設定した内容について，児童に記述させます。 例）「今日の学習で話したことは，どんな内容でしたか。」 　　　　　　　　　　　　　　　——「聞く力」の見取り 　「今日の学習で読んだ文章の内容はどのようなことでしたか。」 　　　　　　　　　　　　　　　——「読む力」の見取り

③ ▶ 活動の作り方

自然な会話からの
"Sit Down Game"

「英語が話せないのに，児童と教師でやり取りをするなんて不可能」と誰もが思います。私もそう思いました。けれども，それは，英語を話せることを前提として活動をしようとするからです。言葉の学習で大事なことは「言葉を聞かせること」です。ですから，児童にはじめから話せることを求めません。自分の考えを日本語でも，英語の単語でもよいので伝えてくれさえすれば，会話は成立します。そうすることで，教師も，児童もできなくてはいけないという負担をなくすことができます。

　まず，教師が会話の設定をするために，自分のことを話します。そして，一人一人の児童に自分のことについて話してもらう中で，英語をたくさん聞かせていきます。

●単元はじめのインプット中心の"Sit Down Game"
　例）教師：I usually have bread for breakfast.
　　　教師：Who usually has bread for breakfast?
　　　児童：はい！
　　　教師：Oh, you usually have bread for breakfast.
　　　教師：I usually have bread for breakfast, too.
　　　教師：OK, sit down.

●単元半ばからのアウトプット中心の"Sit Down Game"
　例）教師　：I usually have bread for breakfast.
　　　教師　：What food do you usually have for breakfast?
　　　児童１：I have miso soup.
　　　教師　：Oh, you usually have miso soup. I usually have bread. Please sit down.
　　　児童２：I usually have rice.

英語らしい音声に
慣れ親しむ活動

　英語らしい音の流れに親しませるために，音声教材は慎重に選択します。ストレスは正確か，言葉として話す時，この音の流れでおかしくないかなどです。

　よく，リズムに乗せて発音させた方が覚えやすいという考えからか，チャンツを多用する授業をよく目にします。ですが，そのチャンツは，無理のある音の流れになっていないでしょうか。英語らしい音の流れという観点から考えると，よいと思える教材は，英語圏で古くからあり，

今の時代に語り継がれてきたものです。人々に心地のよいリズムが与えられ，今も残っているものです。その代表がナーサリー・ライム（マザーグース）であると考え，毎時間，活用しています。

●歌わせるのが目標ではない

　英語らしい音の流れに慣れ親しませることを目標に置き，同じ歌を何回も工夫して聞かせていきます。するとどうでしょう，児童は，練習させなくても，自然に英語らしい音声で歌えるようになっていきます。

　　例）①同じ歌を数回聞かせる。

　　　　②"What did you hear?" "How many times did you hear
　　　　　...?"などの質問をし，児童とやり取りをしていく。質問のたびに，児童はその歌を聞いて確認したくなり，自然と歌を聞く必然性がもてる。

　　　　③5分間に10〜20回聞かせていき，「では，歌えそうなところを一緒に歌いましょう。」と声をかける。

読む活動　　　効果的な読む活動には，5〜6文からなる文章を用意します。書かれている大まかな内容を理解させ，自分で声に出して読むことを目標に取り組ませています。以下のような方法を使いながら，しっかり聞かせた上で文字を読ませていきます。

　①数回読んで聞かせる。

　②聞こえた言葉を尋ねたり，聞こえたものの絵を指さしたりさせながら聞かせることで，文章の内容を理解させていく。

　③読んでいる部分を指で追う様子を見せながら読み聞かせる。

　④児童に読んでいる部分を指で追わせる。

　⑤5〜6文のどの文章を読んでいるかを考えさせる。

　⑥教師の後に続いて声に出して読ませる。

　⑦児童に声に出して読ませる。

読ませる文の例

I'm Aoi Kobayashi.

I like cooking.

I'm in the cooking club.

I can cook pancakes.

Let's cook together.

書く活動　　　　　　　書く活動では，聞いたり，話したり，読んだりしてきたことを文で書くようにするとよいでしょう。書く活動ではありますが，この活動を以下のように行うことで，「聞く力」「話す力」「読む力」「書く力」を見取ることもできます。

	書く活動の進め方	見取る力
①	本時でやり取りしてきた内容の文を4線上に8文程度書いたワークシートを子どもたちに配布する。	
②	上から読んで聞かせ，自分にあてはまる文にチェックさせる。	「聞く力」「読む力」
③-1 ③-2 ③-3	自分にあてはまる文をなぞらせる。 真下の空いている行に書き写す。 語群から自分にあてはまる単語を選んでうめる。	「読む力」「書く力」
④	机間指導しながら，一人一人になぞった文が答えとなるような質問をする。児童は答える。 例）教師：What sport do you like? 　　児童：I like soccer.←子どもたちがなぞっている文	「聞く力」「話す力」
⑤	チェックを終えた子どもたちは，③に挙がっている他の活動に取り組んだり，自分にあてはまる他の文を書き写したりする。	「書く力」

コラム

②

スモール・トークって何？

　スモール・トーク（Small Talk）とは，帯活動として行う活動であり，その長さは1〜2分程度が目安とされています（文部科学省, 2017）。5年生はあるテーマのもとに「指導者のまとまった話を聞くこと」，6年生は「ペアで自分の考えや気持ちを伝え合うこと」と説明されています。

　スモール・トークには，①既習表現を繰り返し使用できるようにしてその定着を図ること，②対話を続けるための基本的な表現の定着を図ること，の2つの目的があるとされています。既習表現の繰り返しについては，ある単元を学習中は，子どもたちがそこに出てくる表現を上手に使えるのだけれど，単元が終わった途端，あっという間に忘れてしまうことが往々にしてあります。スモール・トークという時間を確保することで，これまでに習った表現を意識的に子どもたちに聞かせるというのはとても大切な指導です。

　対話の続け方ですが，母語ではない英語の時間にコミュニケーション能力を育てていくわけですから，ゆっくりした成長であることを心に留めておきましょう。指導のヒントとして『小学校外国語活動・外国語研修ハンドブック』（文部科学省, 2017）では一言感想（That's good.），相手の発言が聞き取れなかった時の一言（Pardon?）などが紹介されています。また，相手の話した内容の繰り返し，相手の話を聞いてさらに質問することは，コミュニケーションに欠かせない技術です。スモール・トークの時だけでなく，まずは先生が常に使っていくことが良い授業につながります。

　T: What food do you like in summer?

S1: I like watermelon.

　T: Oh, really?（一言感想）You like watermelon.（繰り返し）

　　I like watermelon, too. It's delicious.（自分の感想）How about you, S2?

S2: ぶどう。グレープ！

　T: You like grapes.（繰り返し）They are sweet.

S2: Yes.

　T: I see.（一言感想）They are delicious too. Who likes grapes?　Raise your hand.

　上記は，教師が子どもに夏の食べ物で何が好きかを尋ね，それを徐々にクラス全体に広げていくやり取りの例です。先生の発話の中に，子どもの発言をそのまま繰り返したり，また日本語を英語に直して話す部分が見受けられます。また，子どもの話した内容について，いつも自分の感想を簡単に述べ，子どもの話した内容を理解したことを伝えています。教師の使う英語表現が，子どもたちが英語でやり取りをする力をつける大きな助けになります。

4 ▶ 指導案例

第3学年　外国語活動　指導案				
Let's Try! 1 Unit 5 (1/4)		What do you like?　何が好き？		
単元を通しためあて	・日本語と英語の音声の違いに気付き，身の回りのものの言い方や，何が好きかを尋ねたり答えたりする表現に慣れ親しむ。〔知識及び技能〕 ・何が好きかを尋ねたり答えたりして伝え合う。〔思考力・判断力・表現力等〕 ・相手に伝わるように工夫しながら，何が好きかを尋ねたり答えたりしようとする。〔学びに向かう力，人間性等〕			
学習内容	HRT	JTE・ALT	教材	時間
1　挨拶	担　　　任：Let's start the English lesson. 　JTE・ALT：Good morning (Hello), everyone. How are you? 児　　　童：I'm fine, thank you. And you? 　JTE・ALT：I'm fine, too. Thank you.			2
2　Sit Down Game 「好きな色ゲーム」	・好きな色が言われた児童から座らせる。	・"What color do you like?" ・"Who likes (red)?" 　"OK! You like red." 　"I like red, too."	色カード	7
3　Song ♪"Pease Porridge Hot"	・聞き取れたことを挙げさせていく。 ・絵を提示して歌詞の意味が何となくわかるようにしていく。 ・児童とともに歌う。	・歌を繰り返し歌い，児童に聞かせる。 ・CDを再生する。 ・児童とともに歌う。	CD	8
4　Main-1 「えいごリアン」⑰ "What color do you want?" "I want blue." or 「色探しゲーム」	・ビデオを見せ，いろいろな場面の中で児童にことばを理解させていく。 ・指定された色の身の回りのものを探させる。	・ビデオの再生をする。 ・"Please find something pink."	ビデオ 自分の身の回りのもの	15
5　Main-2 「一番好きな果物はなあに？」	・*Let's Try!* 1 Unit 5 p.18の絵を見せ，「ところでみんなはどんな果物が好き？」と尋ね，好きな果物の話題にする。 ・"I like this."と言いながら少しずつ果物の絵を描き，"What's this?"と尋ね，当てさせながら会話を進めてもよい。 ・会話の中で，"I like ...."をたくさん聞かせる。 ・黒板の果物の絵を描いて，その果物が好きな児童数をカウントするなどの工夫をする。	・"I like bananas." 　"I like strawberries." 　"I like oranges." 　"What fruit do you like the best?" 　"You like apples."	*Let's Try!*	8
6　ふり返り	・担任の考えをもとに特に評価したい観点でふり返らせる。	・「ふり返りシート」を配る。	ふり返りシート	3
7　挨拶	担任：That's all for today's English lesson! 児童：Thank you, Mr. (Ms.) ○○ (JET). 担任：Thak you. 児童：Thank you, Mr. (Ms.) ○○ (ALT). JTE・ALT：Thank you. Have a nice day. See you.			2
評価	・日本語と英語の音声の違いに気付き，身の回りのものの言い方や，何が好きかを尋ねたり答えたりする表現に慣れ親しんでいる。〔知識・技能〕 ・何が好きかを尋ねたり答えたりして伝え合っている。〔思考・判断・表現〕 ・相手に伝わるように工夫しながら，何が好きかを尋ねたり答えたりしようとすることができる。〔主体的に学習に取り組む態度〕			

第6学年　英語科　指導案				
We Can! 2 Unit 4（8/8）		I like my town.　自分たちの町・地域		
単元を通しためあて	・地域にどのような施設があるのか，また欲しいのか，さらに地域のよさなどを聞いたり言ったりすることができる。〔知識及び技能〕 ・地域のよさや課題などについて自分の考えや気持ちを伝え合ったり，地域のよさや願いについて例を参考に語順を意識しながら書いたりする。〔思考力・判断力・表現力等〕 ・地域のよさなどについて伝え合おうとする。〔学びに向かう力，人間性等〕			
学習内容	HRT	JTE・ALT	教材	時間
1　挨拶	担　　任：Let's start today's English lesson. JTE・ALT：Good morning（Hello），everyone. How are you? 児　　童：I'm fine, thank you. And you? JTE・ALT：I'm fine, too. Thank you.			1
2　Sit Down Game 「埼玉県の自慢は？」	・埼玉県の自慢を話した児童から座らせる。	・"Saitama Super Arena is famous in Saitama Prefecture." "What is famous in Saitama Prefecture?" "Daruma is famous in Koshigaya City." "OK! Please sit down."		7
3　Song ♪"I Love the Mountains"	・英語らしい音の流れを大切にして児童と共に歌う。	・CDを再生する。 ・何度か歌って聞かせる。 ・児童とともに歌う。	CD	7
4　Main-1 「ぼく・わたしだったらこんなふうに紹介します」	・慣れ親しんできた表現をつかって，児童なら埼玉県をどんなふうに紹介するか聞いてみる。	・教師や児童が話した内容を英語にして聞かせ補う。 ・"We have ...." "We don't have ...."		8
5　Main-2 「友だちの紹介はどうだった？」	・友だちの紹介を聞き，感想を持たせる。 ・児童が言った言葉を英語にして聞かせていき，感想を伝える表現に慣れ親しませていく。	・児童が言った言葉を英語にして聞かせていき，感想を伝える表現に慣れ親しませていく。		7
6　Main-3 STORY TIME	・読んで意味を捉えさせたり，読めそうであれば読ませたりする。	・STORY TIMEの文を読んで聞かせる。	*We Can! 2* 開発教材テキスト	5
7　Main-4 「自分が一番紹介したいと思う文を選んで書こう」	・埼玉県で紹介したいと思うものについて表す文をなぞらせる。	・文を読み聞かせる。 ・"What do you want to introduce in Saitama Prefecture?"等で質問し，丸付けをしながら児童と会話し，言葉の入りを確かめる。	ワークシート	6
8　ふり返り	・担任の考えをもとに特に見取りたい観点でふり返らせる。	・「ふり返りシート」を配る。	ふり返りシート	3
9　挨拶	担任：That's all for today's English lesson! 児童：Thank you, Mr.（Ms.）○○（JET）. 担任：Thak you. 児童：Thank you, Mr.（Ms.）○○（ALT）. JTE・ALT：Thank you. Have a nice day. See you.			1
評価	・地域にどのような施設があるのか，また欲しいのか，さらに地域のよさなどを聞いたり言ったりすることができる。　〔知識・技能〕 ・地域のよさや課題などについて自分の考えや気持ちを伝え合うことができる。地域のよさや願いについて例を参考に語順を意識しながら書いている。　〔思考・判断・表現〕 ・地域のよさなどについて伝え合おうとすることができる。　〔主体的に学習に取り組む態度〕			

⑤▶ 年間の授業（年間計画・単元計画・授業計画）

　　年間計画・単元計画・授業計画のいずれも，具体的に計画を立てる際，最終的に児童につけたい力から逆算して，その力をつけるために，どの順序で，どのような活動を行い，どのような方法で学ばせていくかを考えることが求められます。

年間計画　　　　年間計画を立てる際には，下記の事項について理解したり，明確にしたりしてから組み立てるようにします。

・目標，１年間で児童につけたい力
・指導内容
・扱う言語活動
・評価規準，評価方法

●単元の配列，指導順序

　　年間計画の指導順序は，児童にとって無理のない学びの順序，コミュニケーションの場面や働き，英語の使用頻度（何度も繰り返し触れる言語材料の順）などを考慮して配列するとよいでしょう。

　　学校や地域の行事，他教科の学習内容と関連づいた単元がある場合は，指導時期を考慮して単元を配列すると効果的です。

　　外国語指導に精通している各学校の外国語担当者に相談したり，教科書の配列順序を参考に組み立てたりするのもよいと思います。

　　中学年，高学年の各２年間ずつを見通して，小学校学習指導要領に書かれている内容等がもれなく配列できているかを確認します。

●年間計画の時数配分

　　児童の外国語学習歴に応じて，各単元の時数を適切に加減することも考えられます。例えば，低学年から外国語に触れる機会がある学校では，主な学習内容が既習表現となる単元では指導時数を減らし，その分，新出表現が多い単元の時数を増やすことで，児童が無理なく学習できるような配慮が考えられます。

単元計画　　　　●単元計画が一番重要

　　実際に授業を担当する指導者にとって，しっかりとした単元計画があれば，毎時間の指導案作成は必要ないと言っても過言ではありません。日常の授業では，指導の途中でつまずいてしまうことや，授業中に時間が足りなくなったり余ったりしてしまうこともよくあります。しかし，

本単元の最終目標と，そこへ向かう過程がはっきりとわかっていれば，今ここで大事にすることは何か，ゴールはどこかを考え，授業内で軌道修正することができます。そのためには，単元計画を把握して授業に臨むことも重要です。

●作成手順

　まず，本単元の目標や児童につけたい力，本単元で扱う言語材料（表現，語彙）を明確にします。言語材料については，この表現はどのような場面や状況で使われるのか，児童にとって難しいと思われる語彙等は何かなどを考えておきます。また，発信できるようにさせたい表現や語彙と，受容するだけでよい表現や語彙の区別もしておくと，児童につけたい知識及び技能がより明確になります。

　つぎに，本単元で児童につけたい力から逆算して，その力をつけるためには，どのような活動を，どのような方法で行うのかを考えます。この時，「思考力・判断力・表現力等」が育まれる言語活動，「主体的・対話的で深い学び」になる学習方法を意識します。くれぐれも，活動内容の面白さや，学習方法の楽しさに目が向いてしまい，児童にとって学びのない学習活動にならないように留意します。

　そして，活動をどの順に行うのかを考え配列します。たっぷり「聞くこと」から「話すこと」への順序，「音声」から「文字」への順序，「読むこと」から「書くこと（書き写すこと）」への順序が守られるように気をつけます。身につけさせたい力に関わることや，発信させたい表現は，早い段階から扱い，たっぷり聞かせ，繰り返し触れて身につけさせ，何度も「聞く」「話す」を繰り返すことで自信をつけていくようにします。

　短時間学習を取り入れている学校は，1単位時間で扱う活動と，短時間学習で取り組む活動を，単元計画作成時に明確にしておくと，効果的な指導ができると思います。

授業計画　年間計画，単元計画と同様の手順で，より具体的に計画を立てます。まず，本時でねらう児童の姿を具体的にイメージし，目標を設定します。この時，目標達成のために，指導者が行う支援の手立ても考えておくと安心です。つぎに，それぞれの活動がつながるように配列し，児童の思考の流れがスムーズに運ぶようにします。何のためにこの活動をしているのかを明確にすると，児童も主体的に活動できるようになります。そして，児童の学びの姿を見取る評価場面と評価規準を考え，形成的評価をしながら授業を進めるようにします。

単元計画例　　　　　　5年　What do you have on Mondays?　教科・日常生活（4時間扱い）

◆単元目標

・教科について聞いたり言ったりすることができる。【知・技】

・学校生活に関するまとまりのある話を聞いておおよその内容を捉えたり，時間割について伝え合ったりする。【思・判・表】

・他者に配慮しながら，時間割やそれについての自分の考えなどを伝え合おうとする。【学びに向かう力，人間性等】

◆言語材料

[ねらいとする表現]

Do you have 教科名（on 曜日）？　Yes, I do. / No, I don't.

（What do you have on 曜日?）I have 教科名.

[新出語彙]

Japanese, English, calligraphy, social studies, math, arts and crafts, P.E., home economics, moral education

[既出語彙]　曜日, music, science

時	第1時	第2時	第3時	第4時
本時の目標	教科名を知る。	曜日や教科について尋ねられたら答えることができる。	Do you have 教科名? Yes, I do. I have 教科名. の表現を用いてやり取りすることができる。	時間割やそれについての自分の考えを伝え合おうとする。
学習活動	あいさつ 歌 ♪"The Days of the Week"	あいさつ 歌 ♪"The Days of the Week"	あいさつ 歌 ♪"The Days of the Week"	あいさつ 歌 ♪"The Days of the Week"
	[聞く] NHK視聴覚教材の視聴	[聞く] NHK視聴覚教材の視聴	[やり取り] 今日の時間割を確認する。	[やり取り] 今日の時間割を確認する。
	[やり取り] どんな教科があるの？（語彙の導入） 今日の時間割，5年生で学習する教科，1年生で学習した教科などで教科名に何度も触れる。	[やり取り] 今日の時間割を確認する。 [聞く・話す] ポインティングゲームや教科カード並べ T：I have Japanese, math, ... and music. Ss：(聞き取った順に教科カードを並べ，確認する。) You have Japanese, math, ... and music.	[聞く] 外国の時間割は？ まとまりのある話を聞いて，おおよその内容を捉える。 [やり取り] 土曜参観日の時間割を考えよう。 T ：What do you have next Saturday? S1 ：(S2に向かって) Do you have science? S2 ：Yes, I do. I have science. / No, I don't.	[やり取り・発表] 夢の時間割を考えて伝え合う。 T：I have English. My teacher is OSAKA Naomi. How about you? S：I have P.E. My teacher is OTANI Shohei.
	[やり取り] 得意教科を伸ばす教室では，何を勉強する？ T：I have math. What do you have? S：Science. T：You have science. I have math.	[聞く・話す] リスニング問題		[読む] I have 教科名. が書かれたワークシートの英文を，先生が音読するのを，指で追いながら聞く。 先生と一緒に音読する。
	[聞く] リスニング問題	[やり取り] 「何曜日の時間割かな？」 教科名を聞き取り，曜日を答える。 「明日の時間割は？」 明日の時間割を確認する。	[読む] 言えるようになった表現を文字で見る，読んでみる。	[書く] 自分が発表した英文（I have 教科名.）をなぞって書く。
	[やり取り] 今日の時間割を確認してまとめとする。			
	ふり返り あいさつ	ふり返り あいさつ	ふり返り あいさつ	ふり返り あいさつ

コラム

3

協働学習って何？

　協働学習（collaborative learning）は「子どもたち同士が教え合い学び合う協働的な学び」と定義されています（文部科学省, 2014）。文部科学省はアクティブ・ラーニングを実現する手法の1つとして，個別学習（子どもたち一人一人の能力や特性に応じた学び）とともに，協働学習をこれまでの一斉学習以外の学びの形として注目しています。

　ただし，子どもたち同士が学び合うという学習形態は，古くから存在するものです。ペア活動やグループ活動も協働学習といえるのではないでしょうか。また，他県や海外の姉妹校に手紙を書き，情報交流するような活動もこれまで多くの学校で行われてきたものです。いずれの活動も子どもたち同士の学び合いが円滑に進むように，教師が支援体制を整えておくことが大切です。

　現在，学びの場でのICTの活用により，タブレット端末や電子黒板を用いて，学校を超え，地域やさらには外国の様々な人々との学び合いが可能になっています。これは，子どもたちの英語でのコミュニケーション意欲を大いに刺激しますし，また，「もっと英語を勉強しよう」「もっと他の地域を知りたい」という気持ちを育むように思います。

　ちなみに，同じ読み方をする用語に「共同学習」があります。日本では秋田（2000）が，共同学習は「一つの課題解決や目標に向かって各自が分担し最終的に結果，作品を残すこと」，協働学習を「知の探究，表現，結果としての作品を共有し，交流・探求することによって互恵的に学びあうこと」と説明しています。

文部科学省（2014）『学びのイノベーション事業 実証研究報告書』

秋田喜代美（2020）『子どもをはぐくむ授業づくり：知の創造へ』岩波書店

6 ▶ 短時間学習

短時間学習とは　　授業の単位時間を固定するのではなく，最小単位時間を10分，15分
などとして組み合わせ，時間割を組み立てる方法です。

短時間学習の
時間の取り方　　始業前，昼休み後，下校前などに，全校で揃えて時間を設けることが
多いようです。帯で設定するのが難しいようでしたら，45分授業を60
分授業にし，その中の15分を短時間学習として位置づけるなどの方法
もあります。いずれにしても，授業時数として扱うので，日課表に位置
づけることや，教師が指導に当たることが不可欠です。

短時間学習と
１単位時間の
組み合わせ方　　様々なパターンが考えられますが，カリキュラム・マネジメントにお
いて，無理なく実施できそうな組み合わせ方をいくつか紹介します。各
学校の実情に応じて弾力的な時間設定を工夫してください。

①週あたりで組み合わせる場合の例
●週３回15分ずつの短時間学習＋１単位時間の授業
・始業前や昼休み後に位置づけしやすく，活動時間も十分に取れます。
　週３日を外国語，残りの２日を，朝会，読書，体力作りなどの活動に
　充てるなどの工夫ができます。
・全校で日課表を合わせる都合上，週３回の短時間学習が，必ずしも外
　国語・外国語活動の授業とは限らない場合が多く，全学年で揃えられ
　る国語や算数を短時間学習で取り組む学校もあります。
・外国語で短時間学習を行う場合，児童への学習効果を考え，１単位時
　間の前や後に短時間学習を実施する，短時間学習のない曜日に１単位
　時間授業を実施するなどの工夫をすると，短時間学習を取り入れた良
　さを実感できると思います。

●毎日９分～10分ずつの短時間学習＋１単位時間の授業
・毎日なので，日課表に位置づけしやすく，忘れずに実施できる良さが
　あります。しかし，時間が短いので，時間通りに始めないと，学習活
　動が十分に実施できない心配があります。

②２週間あたりで組み合わせる場合の例

●２週間で，短時間学習３回＋１単位時間３回を組み合わせる授業

・外国語17〜18時間分程度を短時間学習にし，残りを１単位時間の授業で実施する方法です。短時間学習と１単位時間の授業をバランスよく組み合わせることができます。

・始業前に位置づけしやすく，２週間あたり３日を外国語の短時間学習に充て，残りの７日を他教科の短時間学習や朝会，読書，体力作りなど様々な活動に充てることができます。始業前の活動が多岐に渡っている学校では，従来の活動をなくさず，回数を減らすという考え方で，緩やかに切り替えることができます。

短時間学習の長所	・児童にとって英語に触れる機会が増え，慣れ親しみやすくなります。 ・短時間なので，児童の集中力が持続しやすいです。 ・同じ活動を何回も行う機会ができるので，歌などは歌える部分が増えたり，話せる英語が増えたりすることが期待できます。 ・英語の授業に慣れていない指導者でも，短時間学習ならば，準備に要する時間が少なく，回数を重ねることで自信を持って授業をすることができると思います。
短時間学習の課題	・短時間の活動でも授業の準備，教材の用意や片付けは必要です。特に，視聴覚教材やデジタル教材を使用する場合，学校によっては機器の準備や接続，片付け等に時間がかかることも考慮する必要があります。 ・指導計画通りの学習活動を行うには，時間通りに実施することが求められます。 ・全校あるいは学年で一斉に実施するので，同じ教具が複数必要になります。
短時間学習に向いている学習活動	・歌やチャンツ ・アルファベットの学習 ・視聴覚教材の視聴 ・スモール・トークや，身近な事柄でのやり取り ・１単位時間で行った（行う）言語活動 ・語彙を増やす活動 ・音声で十分に慣れ親しんだ英語表現を用いた文を読む活動 ・例を参照して書き写す活動

7 ▶ 題材や表現の選び方

　題材を決める時，児童目線と教師目線の二方向から考えてみませんか。前年度を踏襲するだけでなく，立ち止まって少し考えてみると，題材がふさわしいかどうかの判断ができます。

　児童目線では，①「興味や関心を持てるものか」（面白い！　もっとやってみたい！），②「新しい知識となるものか」（知らなかった。なるほど！）などを大切にして題材を絞ってみましょう。

　教師目線では，③「『児童にわかりやすいものか』（あ，そういうことか）どうかに照らし合わせて，ふさわしいものか」などの視点で決めましょう。

聞く活動の題材の選び方

　6年生の「聞く」活動に使う題材選びで考えてみましょう。外国語の学習は，学級の実態によって積み重ねの程度に多少の差が見られますが，児童の学習状況を把握しながら，①「興味や関心を引くものか」を判断します。対象クラスの「好み」「流行っていること」，クラスのカラーなどを見極めて選択するのです。犬や猫が好きな児童が多ければ，主人公が動物の物語や絵本を選んでみます。このほかに，教科書で読んだことがある物語や絵本を選ぶことも児童の興味や関心を引き出します。もともと外国語の文学作品だけれど，児童にとっては日本語を通して馴染み深い作品の場合，英語を聞きながらストーリーを予測して「聞く」ことができます。このため，「もっと聞いてみたい！」といった気持ちにつなげることができるのです。

　②「新しい知識となるものか」を意識することも大切なポイントです。児童にとって身近な言葉であっても，「英語の言い方は知らなかった」といった場合があります。結果として，それは新しい知識となり，聞く活動に対する意欲につながるのです。例えば，redやblueは知っていても，水色をsky blueと呼ぶことを知らない場合があります。その時，児童の心の中では，「空の青は，確かに水色だ」といった発見があることでしょう。このように，「聞く」活動の中に，どれだけ「新しい知識となるもの」が含まれているのかは，題材選びのとても重要な視点になるのです。

　次は教師目線から考えてみましょう。③「児童にわかりやすいものか」は，とても重要なポイントです。例えば，理解を支える情報がなければ，聞いている児童はさっぱりわからなくなります。ある程度のかたまりの英語を聞かせることは必要なのですが，話についていけなかったらどうしようもありません。話の展開を理解するための重要な単語やフレーズを強調して扱う，絵やジェスチャーなどの言語外情報を取り入れる，子どもたちに理解できる短い文に言い直してあげるなど工夫をして，話に追いつけない児童が出ないようにすることが大切になります。逆に短い英文の場合に，説明の補足が必要な時もあります。たとえば桃太郎のようなよく知られた物語でも，簡略化されすぎて，その英文が使われる状況が伝わってこないと難しく感じてしまうからです。児童が「できそう」「もっと知りたい」といった気持ちになれそうか，教材の難易度と児童の学習状況から判断が必要なのです。

他教科の内容との関連づけ

　最後に，外国語と関連させることができそうな学習内容を見てみましょう。理科で学習した動物を題材に，It can fly. It can jump high.などの「できること」を英語で扱うことができます。算数で扱う数字や社会科で扱う年号を英語で言い表すのは，意味のある数字の導入になることでしょう。英語で指示をしてラジオ体操を行えば，たくさんの動詞を導入できます。カリキュラム・マネジメントの視点から，視野を広く持つことで，他教科との関連が図れるでしょう。その際，新出となる文構造は1～2つ，1文は5～7語程度（例えば，I want to be a vet. だと6語），新出単語は1～3つ程度までを目安として扱うとよいでしょう。

　このように，児童に負荷がかかりすぎず，かつ確実に興味を持ってもらえるような題材から豊かな学びが生まれます。とっておきの題材に教師が楽しんで取り組んでいる姿勢は児童にも伝わりますので，よい相乗効果を生み出すことも期待できます。

8 ▶ 教材・教具を活用する

［本節の内容は第4章（pp.75-78）掲載のQRコードより関連動画をご覧いただけます］

外国語では，主教材である教科書を中心に授業を進めていきますが，その他の教材・教具と組み合わせることによって，教育的効果を高めることができます。例えば，英語の歌やチャンツ，絵本，手作り教材，そしてICT機器などです。

歌／チャンツなど

児童は，英語の歌が大好きです。歌の魅力として，メロディーと一緒に耳から発音を聞いて音に親しめるというメリットがあります。そして，少しずつ歌えるようになることで「英語ができるという感覚」を味わえることもポイントです。チャンツを使うと，ベースとなる一定のリズムに合わせて声を出すことによって，発音やイントネーションの練習ができます。マザーグースやナーサリー・ライムとよばれるネイティブ・スピーカーに長く親しまれてきているものなど，正しいイントネーションが使われている教材を選ぶことが重要です。歌やチャンツに共通している利点は，英語表現を無理なく楽しくインプットしたりアウトプットしたりできることです。ぜひ，歌やチャンツを取り入れてみましょう。

絵本

絵本の読み聞かせも，絵を介してまとまった英文を理解するのにとても効果的です。授業の導入や少し時間が余った時など，ちょっとした時間を有効に使えます。日本と異なる文化背景を絵本から読み取ることができるため，異文化理解の入り口としても使うことができます。

さて，外国語の絵本は，何を基準にして選んだらよいのでしょうか。迷った時は，みんなが知っている外国の物語から選んでみましょう。「繰り返しのあるストーリー」，「容易に内容が理解しやすい」など，子どもになじみのある絵本はお勧めです。英語の意味を予測しながら聞くことにつながるからです。英語を母語とする国の児童文学賞を受賞している絵本作品（例：コルデコット賞）や，幼児のための世界の昔話シリーズの中から作品を選ぶこともできます。ただ，子ども用といっても，難しい単語や長めの文章もあるので，児童の実態に合わせて選んでください。

学習のねらいから外れていなければ，日本語の絵本を使うことも可能です。例えば，その日扱う英語の語句や表現が出てくる日本語の絵本を使って，子どもとやり取りしてみましょう。

絵本は毎回新しいものを用意しなくても大丈夫です。同じ話を何度も

聞くことで，だんだんと聞き取れるようになり，理解を深められるようになるからです。繰り返し同じ本を使うことは十分に効果があるのです。

手作り教材や実物の教材

算数や理科など多くの教科で，実物を用いて学習を進めていると思います。英語でも同様に考えて身の回りにあるものを生かし，教材として使ってみましょう。手作り教材といっても，時間をかけて作るのではなく，教室にあるものをその場で活用するのでも十分です。イラストや写真をラミネートしたり，Ａ４ファイルに入れたりして使うことも効果的ですし，学校にある備品を使う方法もあります。生活の中にあるなにげないものも英語で聞いたり伝えたりすることで授業に変化が生まれます。

色の学習は絵の具や色鉛筆，色画用紙を使う，形の学習は箱や時計，お皿などを使う，道案内の学習では学区の見慣れた地域地図を使う，レストランの店員と客になるような学習では，給食のトレーや食器を借りてきて使うなど，小学校にある備品を活用しましょう。

たとえば，日本語の「上」「中」「下」など，位置の概念を教える時，どうしますか？　目の前にあるものを手にして，実物を使って説明する方法があります。同じようにして，on, in, underの指導にも，机や箱などの実物を生かしてみてください。

フラッシュカードのような絵カードも効果があります。カードをめくってリピート練習するだけのように思われますが，途中で「あれ？　なんだろう？」「なんだったっけ？」「次はじっくりカードを見よう！」と意識が向くようにゲーム形式にすることもできます。例えば，「冬のくだものが出てきたら繰り返そう」と働きかけ，児童の思考を促す活動にすることも可能です。取り入れ方を工夫して児童とやり取りしてみましょう。

ICT機器を生かす

集中力を持続させるためのアイテムとして，これからは，ICT機器が活動する時代であることは間違いありません。例えば，主教材のデジタル教科書があれば，パソコンと教室のモニターをHDMIケーブル１本つなげるだけですぐに使えます。

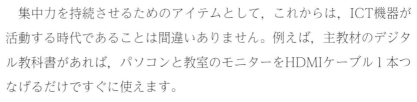

ICT機器を使うと，ネイティブ・スピーカーの発音や歌，チャンツ等をテンポよく授業に活用できます。また，自作のパワーポイントなどは視覚的にも児童の理解をサポートしてくれるのでお勧めです。ただし，児童にとって授業で扱うに値する音源なのか，見やすい画像なのか等，児童目線になって作成するようにしましょう。

外国語活動・外国語における評価について

外国語活動および外国語を教えるにあたっては，学習指導要領が示す目標と内容をふまえ，評価の進め方についても基本的な理解を持っておくことが必要です。以下，これからの小学校外国語活動・外国語における評価のポイントを整理したいと思います。

指導と評価の一体化を図ること

評価のための評価とならないように，目標にもとづきながら評価によって子どもの学びの様態をとらえ，指導を補っていくというプロセス，つまり「指導と評価を行き来すること」が大切です。なお，そうした指導と評価のサイクルにおいては，もちろん「記録に残す評価」も重要ですが，「記録に残さない評価」においても目標に向けて指導し，学びを確かめ支援する努力が必要です（国立教育政策研究所，2020）。

言語活動の場を設けて評価すること

「えっ，教頭先生の好きな色はピンク!?」「田中君は，消しゴム14個持ってるんだって！」——こうした，英語を通したやり取りから生まれる新たな発見に後押しされた学びが，小学校の外国語の基本です。

子どもが意味のやり取りにのめりこむときに，手段となる英語，伝え方などを思考・判断する駆動力が生まれ，それらが習得されていくことになります。評価においても，必然性のある，目的・場面・状況を意識した言語活動の設定を優先して考え，そこでの子どもの取り組みのありさまや変化を捉える取り組みが行われるべきです。

そうした言語活動での評価に向けて，授業のどこかで，ペアで会話をさせる，個人で発表をさせる，面接するといったパフォーマンス評価の場を設けることが望まれます（浦田・吉澤，2020）。クラスの児童数が多い時には，とりわけ計画的に子どもの達成度を見とる場の設定が必要です。またルーブリックを活用するなどして評価観点と評価規準を考えておくのがよいでしょう。

なおパフォーマンス評価では，多忙な業務の中でいかに児童全員の資料を効率的に集めるかが大きな課題です。パフォーマンス評価の実施形態（授業の一部か面接か），またタスクやルーブリックの選定，評価者（担任，ALT，専科教員か）などの具体についての研究が待たれます。

3観点と5領域を組み合わせながら評価すること

学習指導要領にもとづき，「知識・技能」「思考・判断・表現」「主体的に学習に取り組む態度」の3観点を軸に評価をすることになります。その3観点それぞれに，中学年の外国語活動では，聞くこと，話すこと

（やりとり），話すこと（発表）の３領域，高学年の外国語では聞くこと，読むこと，話すこと（やり取り），話すこと（発表），書くことの５領域について評価を進めることになります。高学年の場合，３観点と５領域で合計15の目標を評価することとなりますが，それらを単元や年間計画のどこかで評価するよう，周到に計画する必要があります。

目標を意識して指導・評価の計画を立てること

　最初に達成すべき目標やゴールを設定し，いわゆるバックワード・デザインにより，年間計画，単元計画，授業計画を作ることが大切です。

　評価計画の進め方としては，

　　１）「単元の目標」
　　２）「単元の評価規準」
　　３）「指導と評価の計画」
　　４）「授業実施」
　　５）「観点ごとの総括」

という手順となります（国立教育政策研究所，2020）。

　１）では，当該単元で，５つの領域のどれを目標とするか，具体的に設定します。２）では，たとえば聞くこと，話すこと（やり取り）について，３観点（知識・技能／思考・判断・表現／主体的に学習に取り組む態度）別に規準を設定します。３）では設定した領域と観点を単元のどの授業のどの場面で評価するかを計画します。４）の授業を経て，５）においては領域別に３観点でa，b，cの評定を行い，評価を総括します。

市販のテストの扱い

　外国語の評価にあたって，市販のテストを利用することはできますが，２つの点に留意が必要です。第１に，読み書き中心に偏ってしまい，最も重要な音声による運用力の評価が不十分になっていないか確認することです。第２に，市販のテストは，多くの場合，知識・技能の評価には一部利用可能ですが，目的・場面・状況のある中で，知識・技能を活用して課題解決するというような思考・判断・表現の評価が不十分になりがちです。利用する際は，技能，観点のバランスを確認しましょう。

浦田貴子・吉澤寿一（2020）「評価を意識した授業提案」『小学校英語教育ハンドブック―理論と実践』第２章
　　６節，小学校英語教育学会20周年記念誌編集委員会編，東京書籍
国立教育政策研究所（2020）『「指導と評価の一体化」のための学習評価に関する参考資料（小学校外国語・外
　　国語活動）』文部科学省
　　https://www.nier.go.jp/kaihatsu/pdf/hyouka/r020326_pri_gaikokg.pdf

コラム

④

ルーブリックって何？

　毎回のテストの採点はどのようにされていますか。解答集を片手に採点するのでしょうか。それでは，子どもたちに発表をしてもらう場合はどうでしょう。

　そこでルーブリック（rubric）の登場です。ルーブリックとは「絶対評価のための判断基準表」（田中，2004）と定義されています。現在，小学校などで使われているものは，左列に評価観点（子どもにつけたい力を学習活動に応じて，短い用語で示したもの）と，上の行に評価観点に即した評価基準（レベル）が書かれた配点表（表１）のことを指します。各マスには，評価観点によって示された子どもにつけたい力を，より具体的に文章表記したものが入ります。これを「評価規準」とよび，学習を通して成長した子どもの姿が示されます。次ページの表１は，千葉県習志野市立第一中学校の河瀬農先生が作成した中学１年生のパフォーマンス・テスト用ルーブリックです。このまま小学校に使うことはできませんが多くのヒントがちりばめられています。

　教師にとってルーブリックの良い点は，①大勢の子どもたちを採点しても，最初から最後までぶれずに採点できる可能性が高いこと（評価の一貫性が確保されること），また，②採点の基準が目の前に一覧になっているので，採点時間が短くてすむ可能性があることもメリットです。可能性がある，と書きましたが，ルーブリックに書かれた評価規準や評価基準がいい加減ですと，評価にぶれが出てしまい，公正な評価ができないという事態になりますから，要注意です。

　また，ルーブリックを子どもたちにあらかじめ示すことで，先生は自分たちのどこを見ているのか，つまり，何をがんばればよいのか，どこに気をつければよいのか，がはっきりとした状態でパフォーマンスさせることができます。また，評価した後にルーブリックを返却することもできます。これも，テストを一連の学習プロセスと考えれば，次の機会により良い成果を発揮させるためにはとても良いひと手間となります。

田中博之（2004）「新しい評価Q&A」『学校経営CS研レポート』51号

河瀬　農（2019）「中学１年生用パフォーマンス・テストにおけるルーブリック」

	◎	○	△
態度	相手の目を見ながら，適切な声量で明瞭に話すことができる	目線がはっきりとせず，ときに聞き取れないことがある	相手を意識せず，会話に集中していない
即興性	質問に即座に答えることができる （2秒）	会話に違和感が生じるほど質問に答えるまでの間が空く （3〜5秒）	会話が続かないほど考え込んでしまう （6秒以上）
表現	尋ねられたことに対して，適切に答えられている （8，7問）	尋ねられたことに対して，ときに誤解が生じるような答えがある （4〜6問）	尋ねられたことに対して，ほとんど答えられていない （1〜3問）

表1　パフォーマンス・テスト用ルーブリック（中学1年生用）

10 ▶ ティーム・ティーチング（TT）のポイント

誰が主導すべきか

ALTとのティーム・ティーチング（TT）を行う際，まず踏まえるべきことは，外国語の授業を計画・実施する上で，「担任教師が主体」であるという点です。学習指導要領解説は「学級担任の教師又は外国語を担当する教師が指導計画を作成し，授業を実施するに当たっては，ネイティブ・スピーカーや英語が堪能な地域人材などの協力を得る等，指導体制の充実を図るとともに，指導方法の工夫を行うこと」としています。

教員免許を有し小学校教育の専門性を持つ担任教師と異なり，ALTは，"Assistant Language Teacher"であり，あくまで外国人の助手という位置づけです。忙しさの中で，ALTが来校したら英語の授業の全てをお任せにしてしまわないようにすべきです。ALTが "OLT"（Omakase Language Teacher）になってしまっていないでしょうか。

ALTは英語のモデルとしてその存在は価値が高いのですが，必ずしも児童に合わせた英語指導の素養や日本の小学校教育に対する理解がある人とは限りません。やはり児童の教育に責任を持つべきは担任教師であり，もしALTの指導に修正が必要な場合は，遠慮なく介入すべきです。児童のために，ぜひ主体的な担任教師の関わりを期待したいと思います。

ALTとのTTのポイント

①「その日扱う対話表現を使って対話しているところ」を示す

さてALTとのTTを行う場合のポイントを4点挙げたいと思います。

英語授業は，教員が2人いると，その日扱う英語表現を使って対話しているところをクリアに示すことができます。対話場面を見聞きする機会があると，対話の場面や目的がはっきりし，児童の理解度が格段に良くなります。

②「初めて」の出会いを演出する

担任教師は，外国語をなぜ学ぶのかを肌でわかる機会となるように，外国の人や文化と出会う場を演出するコーディネーターとしての役割が大切です。とりわけ高学年では，世界とのつながりを意識した指導が求められており，ALTとの交流体験はきわめて重要です。そこで生まれる，目的感や動機づけは，長い目でみると他では得られない価値があります。

ぜひ子どもたちにとって，ALTの訪問が「英語学習のクライマックス」「チャレンジの場」となるように，普段の指導と有機的に連関させてください。

③ALTと児童の「橋渡し」をする

ALTの英語は時に児童の理解力を越えることがあり，聞くことの支援は担任教師の大切な役割です。たとえばALTのふるさと紹介で，担

任教師は「わざと」わからないふりをして児童の理解を支援できます。

ALT　　　　: There are 50 <u>states</u> in America.

担任教師: えっ，50なんとかって言ったけど，何のこと？

　　　　　　じゃ，聞いてみようか。　What are "states"?

ALT　　　　: Oh, "states" are like Aomori, Saitama, Ehime ....

児童ら　　: あー，わかった。

　ただし，児童がわからない時にALTの英語を「全て訳す」ことは有害です。児童が英語を聞き，推測しながら意味を理解する機会を奪ってしまうからです。担任教師は，児童の，英語だけでわかる力，粘り強く推測する力を育てることを基本としたいものです。

　一方，児童の英語が通じない時にも担任教師は橋渡しが可能です。たとえばALTに特技を説明する場面で，"I can 竹馬."と児童が言い，ALTが理解できない場合，児童に「ジェスチャーしてみたら」と助言したり，walk, bamboo, sticks等のキーワードを示すこともできます。ALTは"Oh, you can walk on stilts!"などとわかってくれるでしょう。

④自己向上・研修の機会とする

　ALTとのTTは児童の英語学習の機会なのですが，実は担任教師にとっても，自己向上の貴重な機会です。わざわざ校外に研修に行かずとも，ALTとのTTで，日常的に英語力と指導技術を高める機会を得られます。

専科教師とのTT

　専科教師の配置がある場合，背景にある制度により，TTが許される場合と，そうではない場合がありますが，もしTTが可能であれば，担任教師が専科教師に指導方法や教材作成の支援をしてもらえるという大きなメリットがあります。とりわけ，これからの教科化の時代において，「担任教師が成長するための専科教師とのTT」が大きな意味を持ちます。担任教師が自立して授業ができるようになると，専科教師が徐々に主導権を担任教師に譲るという制度のある自治体もあります。

　専科教師とのTTでは，専科教師の高い英語力を生かしつつ，一方で担任教師のきめ細かい児童理解を授業に生かすべきです。特にコミュニケーション活動では，専科教員に比べ担任教師は，より児童に関連性がある「個性化されたコミュニケーション」を展開させることが可能です。またTTに担任教師が参加すると，児童が安心して心を開いてくれるという他に得がたいメリットもあります。

　担任教師は，以上のように，ALTや専科教員とのTTにおいて，互いの強みを生かす役割分担をしながら，協働的に英語の授業の質を高めていっていただきたいと思います。

⑪▶ 担任教師の役割

　2020年度より小学校で外国語が教科になりました。これが意味することは，小学校教師であれば誰でも英語を教える可能性があるということです。「いよいよ教科化だ，よし！」と思う方もいれば，「とうとう教科化か…誰かに任せたい」と思う方もいるでしょう。しかしこの節では，担任教師だからこそ英語の指導に向いている面もあるということを示します。担任教師としての強みに，ぜひ気づいていただきたいと思います。

　松川（2018）は，わが国の小学校英語で導入期から学級担任主体の指導体制が組まれてきた理由として，「ただ英語ができるだけの人材が教えるのではなく，小学校のこと，学級の子どものことをよく知っている人，すなわち学級担任が中心になる，小学校文化に根ざした外国語教育が実際に創られ，またその価値が認められてきたから」と述べています。

担任が指導する
メリット

　担任教師は，様々な面でメリットを持っています。『小学校外国語活動・外国語研修ガイドブック』（文部科学省，2017）は，以下の4点を挙げています。一つ一つ取り上げて，考えてみましょう。

　①児童一人一人をよく理解しているため，学習指導と生活指導の両面に配慮し，学級の児童の発達段階に応じた内容を設定できる。

　②児童と信頼関係が構築されており，児童が外国語活動や外国語科の授業を担任が担当することに安心感を覚え，リラックスして授業に臨むことができる。

　③全教科等を担当しているため，他教科等での学びを外国語学習に取り入れることができる。

　④英語学習者の一人として，児童とともに英語を使い学ぶ存在である。

児童理解を活かす

　まず①は，児童理解に基づいて授業の内容を変えるということですが，ある担任教師が外国語の時間に学芸会での合唱のことについて英語でやり取りしていました。その先生は，"How many times did you practice?"と尋ねました。担任ですから，どれだけ児童が練習したかよく知っていたのです。思った通り，児童たちは力を込めて"Many, many times!"と答えました。思い入れのある経験を共有し，児童がムキになって答えるような発問ができるのも，担任の児童理解の深さがなせる技です。児童の身近な題材や，あるいは運動会や校外学習など「旬」の話題を扱うなど，担任教師ならではの切り口や素材を授業に盛り込む

ことができます。単なる暗記とは異なるレベルで，児童を学びに巻き込むことが可能となるのです。そのような授業を手をかけて作ることこそが，担任としての強みであり，また喜びであろうと思います。

　また一方で担任教師の児童理解は，個に合わせた指導の調整にも役立ちます。担任教師は児童を見ながら学習教材の難易度，提示方法，練習の種類と量，速さなど，細かく授業を調整します。ある時，月の名前を扱う授業で，10月（October），11月（November），12月（December）などが難しく，児童たちが口ごもる様子をみて，担任教師が「じゃあ今日はこのくらいにしよっか!」と途中で切り上げた場面がありました。指導方法の工夫も必要ではあったかもしれませんが，児童の様子をつぶさに見取り，その授業の目標である月名を全て覚えることに見切りをつけた判断に，担任教師の対応力の柔軟さを感じました。

心理的不安を安らげる

　②の児童との信頼関係については，生活・学習活動全般で児童と接する担任教師だからこそ，児童は心を開いて自己表現ができると思われます。特に外国語は不慣れな言語で自己表現するため，心理的不安がついてまわります。イギリスでは，かつて中学校のフランス語教育において専門教師が厳格だったようですが，小学校で担任教師がフランス語を教えるようになって，児童の不安傾向が下がったという事例の報告もあります（Sharpe, 2001）。英語専門ではないからこそ，正確さだけにしばられず，気軽に外国語を使おうとする担任の先生方は，むしろ外国語の極意を体現しているのではないでしょうか。自信を持ちましょう。

　一生で最も自尊心が下がる思春期にさしかかる中での外国語指導で，児童の心理的不安を下げるために，担任教師ができることは大きいものがあります。クラスには「わからなくなったり，間違えたりして困っている時，助けてほしい」，「『誰でも間違うんだから，だいじょうぶ』と言ってもらいたい」（松宮, 2009）などの思いを持つ児童もいます。児童の内面を察しながら担任教師の強みを生かした授業をしたいものです。

他教科内容を取り入れる

　③の他教科等を意識した授業構想も担任教師ならではのものです。外部からの指導者は，他教科での学習内容を知らず，児童の関心ある話題を広げることに悩みがありますが，その点，担任教師は児童の心を引きつける他教科の素材や着火点を熟知しています。例えば I can ....を使って表現させる際に，音楽でどんな楽器ができるか，家庭科の調理実習で何を作ったか，体育では誰が何が得意かなど，児童について豊かな情報を持っていることは，まさに担任教師ならではの強みです。

学習者モデルとして　　　④の英語の「学習者モデル」としての役割も，担任教師が有効に演じられることの１つです。教師が，怖がらずにALTと話そうとする姿を見せることは，児童に自分たちも大丈夫と思わせることになります。そうした学習者のモデルとしての担任教師の姿は，英語とのつきあい方を児童の心の内に根付かせる上で，とりわけ大切なものです。

　終わりに，外国語の教科化に伴い，担任教師にとって「学習者モデル」の役割と同時に，今後は英語を正しく滑らかに使える「英語モデル」の役割も重要になります。担任教師の良さを発揮しつつ，英語モデルとしての自分を高める努力を続けていきたいものです。

Sharpe, K. (2001). *Modern foreign languages in the primary school: The what, why and how of early MFL teaching.* Kogan Page.

松川禮子（2018）『小学校英語のこれまでとこれから』開隆堂

松宮奈賀子（2009）「小学校英語活動における児童の「不安の強さ」と「求める教師支援」との関係」『広島経済大学研究論集』, 31（4）: 53-70.

第 **2** 章

子どもに合った活動のために

——指導技術

①▶ 聞く活動をする時は

　　ただでさえ英語を人前で話すのは気が重いのに，外国語が高学年で教科になり，5つの領域の筆頭に「聞くこと」があるのはさらに気の重いことに感じられます。が，何をしなければならないかわかってしまえば気持ちはずいぶん軽くなり，子どもたちに英語で話す自分のことを聞いてもらえることが楽しく感じられると確信しています。この項では，「聞かせる」ということの役割を再確認した上で，授業でどのようなことに気をつけて英語を聞かせればいいのか整理します。

「聞かせる」ということの役割

　　言葉を身につけていく上で，学習者にとって聞くことにはどんな役割があるでしょうか。目標となる言語の音に慣れることや，その音をいつか話す時のために備えて音を蓄えることが考えられます。また，聞くことを通して，目標となる言語の意味と音を結びつけることも「聞くこと」の大きな役割です。意味の部分はどの言語でも共通ですが，その意味に対応する音は言語によりまちまちばらばらです。日本語では「りんご」という音を付与されるあのくだものは，英語では「アプル」，フランス語では「ポム」という音がくっついています。聞くことを通して子どもたちは「そうか，あの音を出している人は，このことを言っているんだな」「あのことが言いたい時は，この音を出せばいいんだな」というデータをせっせと能動的に積み重ねているのです。授業においては，聞くことの役割を理解した上で，今はこの役割を果たすために聞かせていると自覚することで，漠然と活動をして終わってしまう授業から卒業できることでしょう。

誰が聞かせるか

　　学校の授業以外の場所で英語に触れる経験のない子どもたちにとっては，授業での「聞くこと」のインパクトはとても大きなものです。責任が肩にグッと食い込みそうになりますが，担任の先生が1人で必要以上に無理をすることはありません。外部人材や音声教材を活用すればよいからです。担任の先生は子どもたちにとって学校で一番頼りになる先生で，その先生が話すことには関心を寄せていますので，その期待に応えてご自分のことをどんどん英語で話していただきたいですが，子どもたちが「聞くこと」の全責任を負ってほしいとは考えません。ご自分の役割を明確にすることで，少しでも気が晴れて楽に取り組めることを期待しています。

どう聞かせるか

　　では，授業ではどのようなことに気をつけて聞かせればよいでしょう

か。まず，英語の音に慣れたり，話す時に備えて蓄えたりするために，2つのことを念頭においてください。ひとつ目は，英語らしい音の流れが整った音声を聞かせる，ということです。英語は強弱がはっきりしている言語ですから，強いところはしっかり強く，弱いところは弱く聞かせます。この強弱が英語らしいイントネーションを作ります。この英語らしい音声を身につけておくと，"Pardon me?"と言われることが減り，コミュニケーションをする上で，とても得です。担任の先生方が授業で英語を使っている場面をたくさん見てきましたが，ひとつだけ，"What color do you like?" "Where do you want to go?"などのWh疑問文の時に文末の音が上がらないように気をつけていただければ，あとは自信がないと言っている方でも上手だと思うことが多いです。

　2つ目は，文法的に整った音声を聞かせることです。音声に乗って誤った文法が届いてしまうと考えると責任重大ですが，言葉の宿命なので仕方がありません。音声を聞かせるということは文法が生きて使われているサンプルを届けることになるのです。ですから，なるべくフルセンテンスで聞かせるように心がけます。

意味と音を結びつけやすい内容を

　次に，子どもたちが能動的に意味と音を結びつけやすいように，内容を考え，適切な目的・場面・状況を設定します。例えば，"I am *Doraemon*. I like *dorayaki*. I don't like mice. チューチュー"と表情豊かに聞かせれば，確実に世界中の子どもが「好き」という意味とlikeという音を結びつけられます。子どもたちが意味と音を結びつけられるような内容を考えるためには，児童理解が不可欠で，担任の先生の大きな腕の見せどころなのです。また，例えばlikeとwantは意味が近く，混同しやすいのが悩みです。そこで，明確な目的・場面・状況を設定することが必要になるのです。「みんなが一番好きな果物を総合的な学習の時間に育てようかと思っている。先生はね…」という状況でlikeを，「このパフェにあとひとつ果物を足すなら何がほしい？　先生はね…」という状況ならwantを聞かせることができます。

　聞かせる回数を増やすのも大切な指導技術です。次々に新しい表現を繰り出すことにはあこがれますが，容易いことではありません。どうしても苦手意識があると，なるべく短い時間，なるべく少ない回数しか英語を話したくないものです。しかし，"I like bananas. I like bananas."と同じ表現を何回も繰り返し聞かせることでインプットの量が増えますので，習慣にするように心がけてください。

② ▶ 読む活動をするときは

高学年で「読むこと」を扱うことになり，教科っぽいなと痛感された先生方も多いことでしょう。そして「読み書きならなんとか教えられる気がする」とちょっとほっとした気持ちを味わったり，「あんなこと小学校でできるの？」とますます不安になったり，いろいろな声が聞こえてきます。小学校段階での「読むこと」はどんな姿をしているのでしょうか。どんなことに気をつけて授業の中で扱えばいいのでしょうか。

そもそも「読むこと」は複雑な営み

読むことは，そもそもとても複雑な営みであることを忘れてはなりません。なじみのない言語の新聞や本の一部を見ると図柄にしか見えず，とてもこれを音声化したり，この図柄から何か意味をすくい取ったりするのは不可能としか感じられません。日本語で書かれたものを見た外国の人も同じように，摩訶不思議なものとしてひらがな・カタカナ・漢字が三つ巴になっている日本の書物を見ているのです。

読むことは，他の技能と独立してどこからともなく「ぽん」と私たちの前に立ち現れるものではありません。読む前には，充分に音を聞く段階があり，話す経験をしてから取り組むことになるのです。「聞くこと」「話すこと」を飛ばして，いきなり文字を子どもたちに突きつけるような無神経な指導は，厳に慎まなければなりません。文字言語は，そもそも音声を内包し，意味を内包しているのです。中高でなじみ深い音読や読解は，文字言語を音声化したり，意味を取り出したりする営みだったのです。

「読むこと」の前段階をていねいに

「聞くこと」「話すこと」を通して意味と音を結び付ける経験をしたあと，音と文字を結びつけるのが「読むこと」の指導です。どうしても「読む」というと，その文字がどんな音を出すのか，どんな意味内容を表すのか，といった方向で考えがちですが，その手前で，今まで聞いた

り話したりしていた音は紙（やスクリーン）の上ではこんな様子をしているのだ，ということをたっぷり味わう段階を保証することが肝要です。

　中学・高校で，文字→音，という流れで学習してきた身にはなかなかピンとこないかもしれませんが，初歩の段階では本来的には音が紙の上に滞留しているのが文字言語です。教室内を飛び交っている音を虫取り網で捕まえて，紙の上にピン止めしたものが文字言語といえるでしょう。だから，文字から音を立てたり，意味をすくい取ったりする前に，ピン止めされた音を目で見る段階，音と文字をすり合わせる段階が必要なのです。例えば，起きる時刻についてやり取りする際，なかなか子どもたちが覚えられないと黒板に I get up at（時刻）. と書いたりする場面をよく見ますが，これは文字を見て音を立てさせようとする指導です。音声化できる指導を十分していなければ，私たちがアラビア語を見ても音を作るためには何の助けにもならないように，ローマ字学習での経験程度の助けにしかならないのです。聞かせる指導技術を発揮し，子どもたちが無理なく話せるようにした後，その音を文字に落とし込んでいきましょう。

時刻を扱う授業例　　具体的に授業の場面で考えてみましょう。例えば時刻を扱う授業なら，午前7時に何をしているかやり取りしたあと，起きている絵カード，朝ごはんを食べている絵カード，顔を洗っている絵カードなどを縦に貼り，少しだけ間隔をあけて「7:00」とそれぞれの絵カードの右に書いておきます（イラスト参照）。上から順に指さしながら，"I get up at 7 o'clock. I eat breakfast at 7 o'clock. I wash my face at 7 o'clock." と聞かせて行ったり，自分に当てはまるときだけ復唱させたりします。

その後，絵カードの左にⅠと書いて絵カードをはがし，gct up と書き，さらに 7:00 の左に at，右にピリオドを書くと，I get up at 7:00. という文が黒板に書かれていることになります。同様に I eat breakfast at 7:00. I wash my face at 7:00. と書きます。この時，文頭のⅠの位置を揃えることが大切です。また，1行だけでなく数行見せることが文字によるインプットの量を増やします。

　先ほど絵カードを指しながらしたことを，今度は文を指しながら行います。子どもたちは文を読んでいるわけではなく「さっき耳から入り，口で転がしたあの音」が，目で見るとどういうありさまなのかを確認することになります。「この列の人，どれでもいいから，1行言ってみて。他の人は，これを言ったなと思った行を指してみて」と言うと，該当の列の子どもにとっては，かなり補助を受けた音読，指さしている子どもたちにとっては，耳からの情報と目からの情報を一致させる活動をしていることになります。補助付き読解として，「校長先生ならこの3つのうち，どれを言うと思う？」と尋ねると，子どもは自分がこうだと思った意味を抱えた文を選ぶことになります。

　このような手順で指導すると，補助付き音読の際に"I. Like. Blue."とブチブチ切ったり，"I want to … go to Italy."のように不自然にポーズの入った音を作ることがありません。文字を見ながらでも，普通に世の中で話してもわかってもらえる音をつくることができるようになっています。子どもの学習能力にはいつも驚かされてばかりです。

ホール・ランゲージって何？

　ホール・ランゲージ（Whole Language）とは，1970年代の後半に，アメリカの読みの理論研究者であるケネス・S・グッドマンが提唱，その後，アメリカだけでなく，オーストラリアやニュージーランドなどの英語圏で広まった語学教育の教育理念および教育方法のことを指します。

　ホールには「全体」という意味があります。言語を一つ一つの語や文字などに細分化しないで，できる限り全体（スピーチや文学作品，本など）として指導することを大切にしています。なぜなら，言語の学習は全体から学ぶことが自然であると考えられるからです。それは，ホール・ランゲージの言語観によるもので，言語をスキルや知識に分断し，個別に明示的な指導を行うことをよしとせず，実際の言語体験の積み重ねが言葉の習得につながるという考え方です。学習者は，4技能を区別せず，話し言葉と書き言葉を統合的に習得すると考えます。よって，入門期の学習者に対しても，（母語教育と同様に）優れた児童文学作品や市販本を読むことを豊富に経験させるのがホール・ランゲージの特徴です。作品や本という「全体」を学習者に丸ごと与えることで，授業を進めていきます。

　一方，同時期に展開された「基礎へ帰れ（back to basics）」運動において，支持された読み書きの指導として用いられたのは，フォニックス指導（英語の音と文字の関係をルールにして，1つずつ順番に教えていくこと）が代表的なものです。これは，言語を単語や文法などの知識やスキルに分解して，それぞれを系統的に指導するという伝統的な指導法の流れをくむものであり，この言葉の部分から全体へと学習を広げていく流れを批判したのがホール・ランゲージの考え方です。

　ホール・ランゲージでは子どもたちが，現実世界で行う言語活動がそのまま授業の内容になります。学習者が既に知っていることや社会的経験をフル活用して言語体験を重ねていきます。例えば「果物」というテーマに基づいて，どこで育つのか，いつ頃収穫されるのかといった知識を深めるために，本を読んだり，議論したり，レポートにまとめたりします。友だちに宛てた手紙を書いたり，日記を書くような活動もあります。授業外にも行うような「本物」の活動を扱うこと，子どもたちにとって意味のある活動を用意するのがホール・ランゲージの特徴です。

赤沢真世（2008）「第二言語教育におけるホール・ランゲージ・アプローチに関する一考察──「ホール」の意味する言語観・言語教育観を踏まえて──」『京都大学大学院教育学研究科紀要』第54号，166-179

白畑知彦・冨田祐一・村野井仁・若林茂則（2019）『英語教育用語辞典　第3版』大修館書店

③▶ 話す活動をする時は

コミュニケーション能力が小学校・中学校・高等学校を貫く英語教育の目的と規定され，小学校でも子ども同士のやり取りをゴールに据えた活動が行われてきました。学習指導要領に記された主体的・対話的で深い学びを追究する時，「話すこと」はどのように指導すればよいのでしょうか。

事前に十分なインプットを

外国語活動の授業では，どのような道のりを経て子どもたちは「話す活動」に取り組んでいたでしょうか。多くの場合，先生が黒板に活動の目的を書き，デモンストレーションを見せて，子どもたちがゲームやチャンツでその表現を繰り返し口にしたら，話せるようになったと判断してはいなかったでしょうか。繰り返し口にされた表現は，子どもたちが完璧に覚えたはずだから，単元末のインタビューゲームの時には言えるはずだ，という暗黙の了解の下，単元計画を立てていたのではないでしょうか。こう書いてくると，改めて子どもたちが話す前にゆったり聞いている時間が少ないことに気づかされます。また，子どもたちの聞いている表現は，デモンストレーションの中では「これから自分が覚えるべき言い方」，ゲームの中では「カードを取るための記号的マッチング作業」であって，話者が何を言いたいかといった肉声は聞こえていなかったのではないでしょうか。子どもたちが意味と音を結びつけやすいように，真実のこもった肉声を大量に聞かせることを強く心がけてください。

ヒトが話すようになるということ

学習指導要領では「言語活動を通して目的を達成する」，と目的を達成するための手段が明記されました。手段である言語活動の中に，反復練習等はカウントされないことも強調されています。つまり，本当に言葉を使い合うことは手段なのです。本当に言葉を使い合う中で，日本語でしか話せなかった子が英語で話せるようになるような，単語でしか話せなかった子が文で話せるようになるような，そんな言語活動をしなければなりません。これまでの外国語活動の授業では，単元末に子ども同士が言葉を使い合うことを目的とした実践が多くみられました。完成形を披露する場として単元末の活動が設定されていたと言えるでしょう。大きな意識改革が求められていることを痛感させられます。

言語活動の中で子ども同士のやり取りだけが言語活動ではないこと，言語活動の中でやり取りの果たす役割が大きくなることの2点を意識す

るのは重要なことです。指導者とのやり取りを通して，たっぷり意味と音を結びつけ，機が熟したら指導者の受容的な態度の下でふっと英語を口にする授業の場面を多く見てきました。こうした授業を見せてくださった先生方は，決して英語力が高いわけでも英語に自信があるわけでもない，いわゆる普通の小学校の先生でした。指導者の英語力よりも指導技術が子どもを伸ばす現場を目の当たりにした場面です。

　具体的には，適切な目的・場面・状況を設定する力，一人一人の子どもとていねいにかつテンポよくやり取りをする中での受容的な態度，先生の真実の自己表現と子どもに対するフルセンテンスでの応答を愚直なまでに繰り返すことなどが挙げられます。これが第2のポイントの言語活動の役割です。覚えて話すのではなく，やり取りの中で先生がご自分のことを話すのを聞き（例：“I like red.”），自分のことを英語で聞く（例：自分が言った「緑！」に対して“Oh, you like green.”）経験を通して少しずつ「自分のことを話す時にはI like ....と言うんだな」という言語経験に根差した内なる学びが起こるのです。でも初めから全部は言えないので“Green.”とだけ言ったり，「子どもはyouなのかな？」と類推して，自分のことなのに“You like green.”と言ったりするのです。先生は自分の真実を語っているので，覚えさせるためにおかしなところにストレスを置いたりせず，自然な英語らしい音の流れを使ってやり取りを続けるので，子どもたちも自然な英語らしい音しか出しませんでした。これは「今度覚える表現はこれです」「もう覚えられたかな？」という外からやってくる学びとは根本的に質が異なります。

音になじませる「後練」のすすめ

　話すようになるためには，口でその表現を何回も転がして音になじませる必要があります。それをどのタイミングで行うか，再考してもよいのではないでしょうか。筆者は上に書いたようなやり取りをした後，「後練」をすることを提唱しています。先生の後に繰り返して自分が当てはまる時だけ復唱するという方法です。全部繰り返すのでは意味を考えない音だけの訓練になるので，反復といえど何を言うかは子どもに責任を持って選ばせます。「さっきは一色しか言わなかったけど今度は少しでも当てはまる時は言っていいよ」とか「教頭先生になったつもりで」と言えば練習の回数を増やすことができます。

　このような指導の下，一人一人が自分の英語を司れるようになって初めて子ども同士のやり取りを展開すれば，もそもそと後ろ暗そうに日本語でやり取りをして悲しい思いをする子どもは出てこないでしょう。

④▶ 書く活動をする時は

　いきなり "Take out your pencil!!" と言って書かせる授業を拝見することが多くなったと感じています。学習指導要領で「書くこと」を扱うことになった今，子どもたちにとって無理のない指導をするために，どんなことに気をつけたらよいか考えることの意義は小さくありません。

文字指導

　文字の指導と一言で言っても，形の認識，形と名前の一致（聞いてわかる，自分で言える），各文字の代表的な音，大文字と小文字の一致，アルファベットの順番，それぞれの文字を書く４線上の位置など多くのことを身につける必要があります。漢字より少ないし簡単，と思うと子どもたちが困ることになりますので，これを機に少し整理しておきましょう。

　学習指導要領では３年生で大文字，４年生で小文字を扱い，６年生を修了する段階では52文字，書けるようになっていることが求められています。これは，中学校ではもう一からアルファベットを書く指導をしない，ということです。九九や県庁所在地や光合成同様，小学校で責任を持って身につけさせる必要があります。指導に当たっては，ひらがなや漢字の指導では気にする，文字を書く位置や書き順をどうすればいいのか，ふと確認したくなりますね。

文字をたくさん見せておく

　文字を書く前には，文字をたくさん見せておくことが肝心です。ちょうどひらがなの積み木で遊んだり，絵本や身の回りの文字を見たりしてきたように，アルファベットとも仲良くなる時間を確保したいものです。文房具や洋服についているアルファベットを確認したり，算数の教科書や学校の近所でみられる文字を探したりして，アルファベットが自分の暮らしに溶け込んでいることを実感させましょう。また，似た形で文字をグループ分けしたり，大文字と小文字を組み合わせたりするような活動を，楽しく展開することも大切です。一人一人がアルファベットカードを使って活動した後，「アルファベット順に片付けましょう」というと，自然に順番を意識させられます。文字を書く位置については，特に小文字が一筋縄ではいかない印象がありますが，一生定位置に書けないということはありませんので，すぐに身につくと思わず，書かれている位置を認識できるような楽しい活動を通して意識を高めさせます。

　準備万端整ったら，やっと鉛筆で文字を書く活動に取り組みます。その際，文字そのものを書かせるとともに，単語の中に置かれた特定の文

字をなぞらせたり，空白を埋めさせたりすると，文字は肩を寄せ合って単語を作るのだ，ということの理解が深まります。3年生でローマ字を書いていることもあり，中学年でも負担にならない範囲で鉛筆を使った活動をすることは，高学年で文字を「書く」ための無理のない助走として意味があることだと考えています。

書くことの指導

文部科学省教材の書体

中学・高校の英語の先生から見ると，小学校で扱う「書くこと」はご自分たちがなさっている「書くこと」と別物，という印象を持たれるかもしれません。主体的にどんどん書くのではなく，鉛筆を持って行う活動は全部「書くこと」に入るのです。

どの書体で書かせるか，も迷うところです。文部科学省が書体を提供していますので参考にするとよいでしょう（左図参照）。地域の中学校で採択されている教科書の書体について知っておくことも大切です。

初めはなぞることから

鉛筆を持ったら，初めは文字をなぞることから始めます。当然個人で机の上で作業することになりますが，この時，先生がまず黒板に元の文を書き，それを他の色のチョークでなぞっているところをしっかり見せてあげてください。そうすることで，何をするかイメージが明確になり，書き順の情報に触れることもできます。アルファベットは日本語のように書き順が厳密ではなく自由度が高いですが，左から右に，上から下に，という原則で書いているところを見せておきます。

書き写す際には，上の行から下の行に書き写すのが最も混乱なく書き写せます（それでも，字の高さが整わない子どももいます）。黒板の文を机の上で書き写せるようになるには，かなりの経験が必要です。

次に，穴あき文に自分で語群から語を持ってきて埋めさせます。目的語部分だけ1語埋めさせて終わり，という指導が多いかもしれませんが，初めは1語抜けている，次の行は2語，次は3語と抜けている箇所を増やすと，最後には全部の語を自分で書くことになります。ここまで来たら，一人一人の実態に合わせ「じゃ，何も見ないで思い出して書いてみよう」と呼びかけると，中学・高校での「書くこと」に近い活動になります。もちろん，試行錯誤と確認を繰り返しながら書くことになりますが，何も見ないで書くという営みに挑戦することで，学びが深まることでしょう。

最後に，なぞったものであれ自分で書いたものであれ，「なんて書いたの？」と尋ねて音声化させます（音声化できないなら，それは書いた意味がありません）。その際すらすらと英語らしい音を聞かせてくれて初めて，指導者は胸を撫で下ろせるのです。

5 ▶ 文法の捉え方

　小学校の英語教育で「文法」と聞くと，ざわざわと違和感が背中を走りますね。今まで楽しくやってきたのに…，と暗い気持ちになりそうです。でも，文法は平たく言えば文を作る時の決まり事ですから，本当はとても役に立つもの，誤解なくやり取りをするために必要なものなのです。ちょっと海外に行って素敵な買い物をするぐらいなら "Bag. Bag. This." でも何とかなりますが，「娘は大学生で，将来どうするか悩んでいるの」というようなことを人に伝えようとすると，単語だけでは難しいでしょう。将来子どもたちが自分の言いたいことを話し，初めて聞いたことでも理解できるような英語の力をつけるために小学校で心がけておくと良いことを確認しておきましょう。

文法の宿る場所は　文法は目に見えません。解説を本で読んだり，説明を聞いたりすることはできますが，文法が生きて使われる時，取り出してそれだけを確認することができません。文法は，聞いたり読んだり話したり書いたりする言葉そのものに「宿っている」のです。陰で支配していると言ってもいいかもしれません。今皆さんが読んでくださっているこの文章も，日本語の文法に則って書かれています。言葉を使うということは，知らず知らずのうちに文法のサンプルを受け取ったり発信したりすることなのです。

　小学校の場合，「読むこと」「書くこと」が導入されるとはいえ，言語活動は「聞くこと」「話すこと」を中心に展開されますから，その時に行き交う音に文法が宿る，ととらえることができます。問題は，どんな文法を宿らせるか，です。小学校高学年は教科になりますから，中学・高校での学習内容と齟齬をきたさない文法を扱うことが必要で，また，中学年の外国語活動でも，教科につながることを想定しておくことは重要です。他教科では当たり前のことですね。文法は通じ合うためのルールで，少し込み入った内容を誤解なく受け取ったり伝えたりするときに，とても頼りになるしっかり者の友だちと言えます。「通じればなんでもいい」という広い解釈一辺倒を見直すときが来ているのではないでしょうか。

　学習指導要領での文法に関連する言葉に「語順」があります。語順は英語の文を作る際のルールの中でも影響力の大きなもので，例えば，文のはじめに来るか終わりに来るかで「どっちの人が片思いしているのか」がわかります。この語順も音に宿ります。時間の流れの中で，先に耳に

届いた人が片思いしているのです。学習指導要領では「書くこと」に関して「語順を意識して」と記載されていますが，書く段階で意識させるには，聞かせる段階から指導者は語順を意識していなければならないのです。

文法を説明する？しない？

中学との連携を意識すると，「複数形」とか「過去形」という用語を使ったり，冠詞のaとanの違いをことさら強調したりしたくなりますが，現段階ではこうしたことは控えた方が安全ではないか，と感じています。なぜなら，説明に時間を使うよりも実際に多くの言語活動に時間を使った方が，10年間の英語教育の中で小学校の役割が果たせると考えるからです。文法の説明は中学・高校でもできます。言語学習を進める中で，音を蓄える，その音を緩やかに文字と結びつけるといった役割をしっかり担いたいと思います。

小学校でできること

こう考えてくると，小学校でするべきことは，中学・高校と齟齬をきたさない文法が整った音声を与える，ということに尽きるでしょう。その音をベースに中学校で整理してもらう，という流れが学習者にとって最も理にかなった無理のない学びの道に感じられます。

実際の授業の場面で担任の先生が英語を話す時，極力文法的に間違えないように心がけます。そのためには，まず欲張らないで使う英語を制限することを提案します。自治体によっては「先生は授業中，日本語は使わないこと」と決めていると聞きますが，インプットの質を考えると再考を促したくなります。

実際の授業では，例えば将来就きたい職業についてやり取りをする場面において子どもが "Baseball player." と言ったら，"Oh, baseball player!" ですませてしまいがちですが，"Oh, you want to be a baseball player!" とフルセンテンスで相槌を打とう，心がけます。外部人材がいる場合も同様のふるまいをするよう共通理解を得ることが重要です。

子どもたちが文法的に間違えた時には，"Good!" ですませないようにします。"I like apple." と子どもが言ったら，"Oh, you like apples. I like bananas." と返します。この時，受容的な態度で話すことが肝心です。「あなたの言いたいことはよくわかったよ。その内容に対応する音はこれだよ」という気持ちで話します。こうしたことを重ねていくと，先生方の英語の発話がだんだん角が取れて，あたかも英語が流暢な人に見えるから不思議です。もともと持っておられる「子どもと話をする力」が言語を超えて発揮されているのでしょう。

6 ▶ 語彙の導入で気をつけること

　学習指導要領では，これからは小学校で600〜700語を扱うことになっています。多いと感じる方，少ないと感じる方，いろいろあることでしょう。中学・高校で扱う新語数も，従来の3,000語から3,400〜4,300語程度に増えています。小学校での語彙の扱いの特徴は，必ずしも文字を媒介にしていない，ということです。「読むこと」「書くこと」自体，中学・高校とは趣が違うことはすでに述べました。語彙の学習においても，読んで音声化したり，その語の意味を日本語で書いたり，日本語で書かれている語に対応する英単語を書いたりする活動は想定されていません。音声を中心とする小学校の授業で，どのように語彙と出合わせていけばよいでしょうか。

扱う語彙　　　学習指導要領では，扱うべき語彙を具体的には示していません。授業で扱うテーマに沿って，例えば色や職業や食べ物などの基本的な語彙が教科書には載っていますので，その語彙を中心に各校で児童の実態に合った選択をする必要があります。単元計画を立てる時に，ある程度見通しを持って具体的に red, yellow, green …などと考えておくことをお勧めします。この時，子ども一人一人に合わせてその子が言いたそうな単語を選ぶと数が多くなって収拾がつかなくなり，教材の準備も大変になりますので単語の風呂敷を広げすぎないことにも配慮します。また，大人が「この単語は子どもには難しいから」と自分になじみのない単語を扱わない場面を時折目にしますが，子どもにとっては概念さえ理解できれば難しくないのです。同様に，大人がより難しいと捉えている単語を答えた子どもだけが褒められる，というようなことがないよう心を配ります。"I like purple." と言った子どもが褒められて，"I like red." と言った子は素通りされる，というような場面を見ると胸が痛みます（そもそも，本当に好きな色についてやり取りをしていれば，教師は「へぇ，そうなんだ」と思うだけで，褒める場面などどこにもないと思うのですが…）。

　先生方には，授業で扱う表現を使って自分のことを話すとしたら何と言うか考え，なじみのない語彙については辞書で調べてオリジナルの単語帳を作っていただきたいと思います。これまでの英単語学習といえば，覚えるべき語彙をがんばって覚える，というともすれば苦行の香りただよう学習でした。大人の学習は自由です。本当に自分が言いたい単語を

調べましょう。遠足で行く動物園にいる動物を英語で言えるといいな，とか，給食に出た食材は英語で何というのかな，というような生活に根差した単語を地道に集めてみましょう。「へぇ，そう言うんだ！」と瑞々しい驚きもあることでしょう。私事ですが，以前オランウータンとチワワの綴りを知りたくて和英辞典を開いた際，あまりに予想外で印刷ミスではないかといぶかしく思ったことがあります（なんと，orangutanとchihuahuaです）。辞書を引くと，ストレス（強く言うところ）や音節の数もわかります。電子辞書やネット上の辞書は音が出るものもあるので，使ってみてください。

導入の仕方　　単語の導入と言えばフラッシュカード，という中学・高校時代が思い出されます。文字を使わず絵カードを復唱する方法が小学校では一般的かもしれません。小学生は使うことを通して言葉を身につけていく，と考えると，絵カードを反復練習する方法は文脈のない記号学習ですので，他のアプローチも指導技術として持っておくと指導の幅が広がります。

　I have ....という表現を使って持っている物を扱う単元で，クマが山を越えていく "The Bear Went Over the Mountain" という歌を歌ったあと，このクマのリュックサックに何が入っているかを尋ねて子どもたちから単語を引き出したことがあります。子どもたちから出た語のうち，自分が英語で言える物については，lunch, water bottle, picnic sheet, umbrella, raincoat, camera, tentと英語に直しながら黒板に絵を描いていきました。自分が英語で言えないものは，「持ってないそうです」と言ってさらっと流すのがコツです。また，扱わなければならない語彙がいつまでも子どもから出ない時は，「先生はこれは入っていると思うな」と言って描いてしまいます。黒板に描かれた絵を1枚ずつ指しながらクマの声色で "I have lunch. I have a water bottle. ..."と聞かせていき，子どもたちにもクマになったつもりでリュックサックの中身を話してもらいました。このように子どもから単語を引き出せると，導入の段階から豊かな言語活動を繰り広げることができます。単語の導入においても文脈があることで，子どもたちの中に，とある場面の中で生きている単語に出会わせることができます。

　絵カードを使う代わりに，幼い子向けの絵本や画集を使うこともできます。いろいろな方法を使い分けることで，授業にメリハリをもたせられれます。

CLILって何？

　CLILはContent and Language Integrated Learningの頭文字をとったもので，「クリル」または「内容言語統合型学習」と呼ばれます。外国語を通して，教科（算数，理科，社会，音楽，体育，家庭科など）を学ぶことを指します。

　CLILの特徴は，4つのC（あるいは5つのC）の存在です。学習内容（content）の理解を大切にすること，学習者の思考（cognition）に焦点を当てること，学習者のコミュニケーション能力（communication）の育成を目指して，学習者が協力し合うこと（community/culture）を意識して授業を進めていきます。

　新聞などの「本物」の教材（日常の生活で使っている物）を使い，また図版や映像など文字以外の情報もふんだんに与えます（content）。様々なレベルの思考力（暗記，理解，応用，分析，評価，創造）を活用させるよう活動を工夫します（cognition）。また，ペアワークやグループワークで協力する機会を与えます（community/culture）。タスクを達成するためには，4技能を組み合わせて使うことになります（communication）。CLILでは，教師による内容と英語の両面についての支援が欠かせません。ですから，教師にも高い英語力が求められることになります。学習スキルを教える場面も出てくるでしょう。

　筆者は2016年にYarlin Rios先生というすばらしい先生に出会い，日本で約1年間，一緒に研究する機会がありました。彼女はコスタリカの小学校の先生で，CLIL型の授業に意欲的に取り組んでいます。先日，彼女から小学3年生の授業の様子を撮影した写真が届きました。この写真は，子どもたちが理科の時間にスライムで様々な形の雲を作り，積乱雲（cumulonimbus）などの雲の特徴を勉強しているところを示しています。

　CLILにも目的（英語学習か，内容学習か），頻度（単発か，定期的か），比重（授業全てをCLILにするか，一部か），使用言語（英語のみか，母語も使用するか）によって，様々なタイプがあります。日本に合う形の，さらに言えば，目の前の子どもたちに合うCLILの形を見つけ出すことが大切であると考えられています。

小学3年生の理科の授業から

池田　真（2011. 8. 30）「CLILの方法論」CLIL japanHP資料より

第 **3** 章

先生の英語力アップのために
身につけておくべきこと

──英語のきまり

① ▶ Classroom English（教室英語）

　教師が英語で児童に指示したり，相づちを打ったりすることで教室内に英語によるコミュニケーションの雰囲気が生まれます。児童の表情から理解を確かめながら，動作も交えて英語で話しかけたいものです。

授業の始めと終わりで	英語の授業を始めましょう。	Let's start the English lesson.
	今日は何曜日ですか。	What day (of the week) is it today?
	一火曜日です。	—It's Tuesday.
	今日は何月何日ですか。	What's the date today?
	一4月23日です。	—It's April twenty-third.
	今日の天気はどうですか。	How's the weather today?
	晴れ［曇り，雨降り］です。	—It's sunny [cloudy, rainy].
	今日はこれで終わります。	That's all for today.
指示をする時	手を挙げなさい。	Raise your hand.
	手を下げなさい。	Put your hand down.
	始めましょう。	Let's begin.
	準備はいいですか。	Are you ready?
	一ちょっと待ってください。	—Just a moment, please.
	もう1分延長します。	I'll give you one more minute.
	終了です。	Time's up.
	一緒にクイズをしましょう。	Let's do the quiz.
	答えは何でしょう。	What's the answer?
	おしい（正解に近い)!	Close!
	正解です!	That's right!
	歌を歌いましょう。	Let's sing a song.
	歌を聞きましょう。	Let's listen to the song.
	［歌で］何が聞こえましたか。	What did you hear in the song?
	もう一度言いなさい。	Say it again.
	もう一度。	Once more. / One more time.
	カード［教科書，筆箱］を出しなさい。	
		Take out your cards [textbook, pencil case].
	筆箱を持っていない人は？	Who doesn't have a pencil case?

教科書の10ページを開きなさい。　Open your textbook to page 10.

カードを机の上に広げなさい。　Spread the cards on the desk.

カードの表を上［下］にして置きなさい。

Put your cards face up［down］.

何枚カードを持っていますか。　How many cards do you have?

カードを集めなさい。　　　　　Collect your cards.

何枚いりますか。　　　　　　　How many sheets do you need?

―6枚です。　　　　　　　　　― Six sheets, please.

（ワークシートに）出席番号と名前を書きなさい。

Write your number and your name

(on the worksheet).

ペアになってください。　　　　Make pairs.

机を合わせなさい。　　　　　　Put two desks together.

向かい合いなさい。　　　　　　Face each other.

4人グループになってください。Make groups of four.

私［あなた］の番です。　　　　It's my［your］turn.

ここに来て下さい。　　　　　　Come here.

自分の席にもどりなさい。　　　Go back to your seat.

やり取りを 進める	私もです。	Me too.
	私もそう思います。	I think so too.
	なるほどね。	Oh, I see.
	本当ですか？	Are you sure?
	本当に？	Really?
	おもしろいね。	How interesting!
	犬が好きな人は？	Who likes dogs?

児童に注意を
促す　　　　　静かにしなさい。　　　　　　Be quiet.

話をやめなさい。　　　　　　　Stop talking.

グリーン先生の話を注意して聞きなさい。

Listen to Mr. Green carefully.

大きな声で話してください。　　In a big voice, please.

スクリーン［この絵］を見なさい。　Look at the screen［the picture］.

CDを聞きなさい。　　　　　　Listen to the CD.

日置滋之.（2019）．iPhone用アプリケーションEasyConc_for_TeacherTalk

1.0.fmp12（http://www.tamagawa.ac.jp/research/je-parallel/）

② ▶ 英語の書き方

　英語を書く際には次の決まりがあります。指導案などを書く際に次の点に気をつけて書きましょう。

文や単語を書く時の基本的な決まり

①文の始めと終わり・間

　文は大文字で書き始め，文の終わりにはピリオド（.）をつけます。単語と単語との間は小文字1文字ぐらいのスペースを空けて書きます。また文と文の間は半角スペースを空けるとバランスがよいでしょう。

　We like tennis. We play it every day.

②文字と数字の間

　文字と数字の間には Let's Watch and Think 3, Unit 6 のように，半角スペースを空けます。

③大文字で書く場合

　大文字で書くのは文の始めの単語だけではなく，いくつか気を付ける決まりがあります。まず，I「私」はいつでも大文字で書きます。また Meg, Ms. Brown, Mr. Smith, Tokyo, January, Sunday, Canada のように，人名，敬称や地名，月，曜日，国名の最初の文字は大文字で書きます。これらは，文の途中でも大文字で書きます。

　This is Meg.　She is from Canada.

　2語以上でできている語句で，それぞれの単語の最初を大文字で書くものがあります。具体的には次のような例があります。

　New York / Honcho Elementary School / Simon Says

　歌詞を書くときは，文の始まりでなくても行の始まりに来たら，大文字で書きます。

　Apples, peaches, pears and plums,
　Tell me when your birthday comes.

　If you're happy and you know it
　Clap your hands.

④タイトル

　書籍，絵本，歌のタイトルを書くときは，冠詞，be動詞，短い前置詞などは小文字で書き，それ以外の単語は大文字始まりで書くのが一般的です。

The Very Hungry Caterpillar / Five Little Monkeys /
Today is Monday / Days with Frog and Toad

　また，タイトルであることがわかるようにイタリック体にしましょう。

⑤ピリオド以外の文の終わり

　文の終わりがピリオド（.）でない場合があります。疑問文では，クエスチョンマーク（?）をつけます。疑問文の答えがYes, Noで始まる場合は，文の最初に来るYes, Noの後はカンマ（,）を付けます。

Do you like apples?
Yes, I do.
No, I don't. I like peaches.

感嘆符（エクスクラメーションマーク，！）を付ける場合もあります。

Great! I love tomatoes!

細かいけれど大切な決まり

　以下は指導案等を書くときに間違いやすい決まりです。まずは，ピリオドの決まりです。Ｉ play soccer. のような文で soccer（スポーツの名前）の部分を空所にするときの書き方は下のように，ピリオドを4つ書きます。このうちの最初の3つのピリオドはsoccerの部分を穴埋めする単語を表し，最後の4つ目のピリオドは文の終わりを表します。

　Ｉ play soccer. ⇒ Ｉ play ....

②英文中の日本語

　指導案に活動で用いる日本語（おこのみ焼など）を書くときは，*okonomiyaki* のようにイタリック体で書きます。

③引用符

　最後に台詞などで使う引用符の使い方です。まず英語では「　」は使いません。" "を使います。また，" "のように引用符の向きが逆になっている間違いをよく見ます。" I love Japan."のように向きに気を付けて書きましょう。

③▶ 英語らしい発音の練習方法

[本部の内容は以下のコードより動画でご覧になれます（第4章掲載と同一内容）]

　日本語は声の高低のつけ方を変えることで「いし」（医師）と「いし」（石）を区別する「高低」アクセントを持つ言語ですが、英語は声の強弱パターンを変えることで

RE・cord（名詞で「記録」）

re・CORD（動詞で「記録する」）と

を区別する「強弱」アクセントを持つ言語です。この強弱のメリハリを十分つけないで発音してしまうと相手に通じない場合があります。「強」の部分の発音は強いだけでなく、「強く、高く、長く、はっきりと」、「弱」の部分は「弱く、低く、短く、あいまいに」の4点セットで発音することを常に意識してください。

　練習の際はそれぞれの特徴を大げさに発音してみましょう。例えば、JapanはJa・PANのように「弱強」のパターンで発音しますが、Jaの部分は口元の筋肉を思い切り脱力させて、短めに「ジュ」、対照的にPANの部分は遠くにいる知人を見つけて、「おーい！」と腹の底から勢いよく大声を出すように、かつ、「長く」を特に意識して「ペア──ンヌ！」と発音します。全体で「ジュペア──ンヌ！」となります。カタカナの「ジャパン」のように一つ一つの音をはっきりと発音し過ぎないよう気をつけましょう。

　単語の「音のかたまり」、つまり「音節」の数を勝手に増やしてしまうことも相手に通じない発音の原因となります。例えばsaladは日本語で「サラダ」なので、「サ・ラ・ダ」と3つの音のかたまりとして発音してしまう人が多いのですが、辞書を引いてみると見出しにsal・adと2分割して書いてあるので、2つの音のかたまり、つまり2音節の単語です。「余分な母音」が入った「saladあ」は3音節なので相手に意味が通じにくくなります。鉛筆で机を2回叩きながら、同時にSAL・adと発音したり、指を1本、2本と順に立てながらSAL・adと発音して、体の動きとシンクロさせることで、それぞれの単語の正しい音節の数を体に染み込ませましょう。

指立て発音──
正しい音節数を身につける練習

　発音の際には強弱の４点セットも忘れないように。次の表を使って，同じジャンルに属する１音節，２音節，３音節の単語を，指を１本→２本→３本の順に立てながら発音練習してみましょう。

表1　指立て発音

	👆	✌️	🖖
建物	house	tem・ple（お寺）	res・tau・rant
動物	frog	li・on	ko・a・la
食べ物	cake	sand・wich	spa・ghet・ti
乗り物	boat	tax・i	mon・o・rail
職業	vet（獣医）	pi・lot	as・tro・naut（宇宙飛行士）

強弱書道──
正しい強弱パターンを体に染み込ませる練習

　音節数を意識しながら強弱アクセントを体で覚える方法が「強弱書道」です。毛筆を持っていることをイメージしながら，実際に腕を動かして，「弱」は「弱く，低く，短く，あいまいに」ちょんと点を書き，「強」は「強く，高く，長く，はっきりと」した力強い横棒を書きます。Japanの場合は，▬と書きながら，「ジュペア──ンヌ！」と発音します。下の表を使って，実際に体を動かしながら発音してみましょう。

表2　強弱書道

単語例	強弱書道
Ja・pán / Bra・zíl / Pe・rú / par・fáit / gui・tár / bal・lóon / sham・póo / ho・tél / ty・phóon	▬•
dó・nut / ór・ange / píz・za / púd・ding / sáu・sage / pán・da / zé・bra / swím・ming / fló・rist /mág・net	▬•
Cán・a・da / chóc・o・late / óm・e・let / án・i・mal / él・e・phant / bád・min・ton /fés・ti・val	▬••
Ha・wái・i / ba・nán・a / po・tá・to / pi・án・o / re・córd・er / go・ríl・la / com・pút・er / e・rás・er	•▬•

英文における
強弱アクセントの
練習

　単語は英語らしく発音できるのに，文の発音になるととたんに元の通じにくい発音に戻ってしまう人がいます。その理由は一つ一つの単語を丁寧にはっきりと発音し過ぎることと，「余分な母音」をつけてしまうことです。単語の発音と同じく，強弱のメリハリを十分つけることがとても大事です。児童に「４人グループを作って」と英語で指示する時に，

次のように一つ一つの単語を丁寧に発音してはいけません。

Make groups of four.（メイkう・gうループsう・オvう・フォー）

　英文の発音では動詞make，名詞groupsやfourなど，文の意味内容を伝えるのに中心的な役割をしている語（bigなどの形容詞やearlyなどの副詞も）は「強く，高く，長く，はっきりと」発音するのに対し，前置詞ofやbe動詞やcanなどの助動詞，I, youなどの人を表す代名詞，冠詞aやthe，接続詞andなどは「弱く，低く，短く，あいまいに」発音します。強い音節を●，弱い音節を。で表記すると以下のようになります。強弱パターンが同じ表現もいっしょに練習してみましょう。●のところで手拍子を打ちながら，リズムに乗って発音してみてください。

図1　強弱アクセントの練習

Make groups of **four.** ● ● 。 ● 4人グループを作って。	**Raise** your **hand.** ● 。 ● 手を挙げて。	**Look** at this **group.** ● 。 。 ● このグループを見て。
Let's play a **game.** ● ● 。 ● ゲームをしましょう。	**That's** cor**rect**! ● 。 ● 正解です！	**Come** to the **front.** ● 。 。 ● 前に来てください。

I **want** to **go** to **I**taly. 。 ● 。 ● 。● 。。 イタリアに行きたいです。	**Who** is your **he**ro? ● 。 。 ● 。 あなたのヒーローは誰ですか？

I **went** to the **sea.** 。 ● 。 。 ● 私は海に行きました。	**What** do you **want** to **be**? ● 。 。 ● 。 ● あなたは何になりたいですか？

64

コラム

7

フォニックスって何？

　フォニックス（phonics）は，英語圏の子どもたちの読み書きを指導するために開発された指導方法のことです。英語の発音と文字の関係をルールにして，1つずつ順番に教えることで，子どもたちが英語を正しく読めるようにします。a, b, c, dを「ア，ブ，ク，ドゥ」と読む指導を受けた方もいらっしゃるでしょう。これがフォニックス指導の一例です。

　英語圏の子どもたちにとっても，綴りを覚えるというのがなかなかの苦行であることに変わりはなく，何とか効率よく「音と文字の関係」を教え，子どもたちが英語を読み書きできるようにと考えられたのがこの指導方法です。英語の「音と文字の関係」には，日本語のひらがなやカタカナのように一貫性がありません。「どうしてbookにはoが2つあるんだろう」「catは『キャット』と読むのに，どうしてcityは『キティ』と読まないんだろう」という疑問が湧いても当然です。また，子どもたちがこんな質問をしたら…と不安になる先生方もいらっしゃるのではないでしょうか。

　ここで注意したいのが，「フォニックスはもともと英語圏の子どもたちのために開発されたものである」ということです。彼らには，これまでの日常生活で蓄えたたくさんの英語の音声情報があります。小学校に入り，読み書きを本格的に勉強するという時に，その音の知識に英語の文字をつなげていくのです。一方，日本の子どもたちにはこの豊富な音の情報はありません。音の情報を収集するのと同時に，アルファベットの大文字と小文字52字を認識する必要もあります。これらの下準備がきちんとできていない段階でルールだけを与えても，子どもたちの混乱は避けられません。子どもたちをフォニックスによって指導する潮時を教師がしかと見極めることが大切になります。

　フォニックスは決して万能薬ではありません。ルールを1つ覚えても，例外もたくさん存在します。特に入門期に出てくる単語の多くが例外となります。Iは「イ」ではなく「アイ」，youは「ヨウ」ではなく「ユー」と読まなくてはなりません（これらは見て覚えるべき単語，サイト・ワード（sight words）と呼ばれています）。combは「コームブ」とは発音しませんし，knifeも「クナイフ」ではありません。likedのdは「トゥ」ですが，didのdは「ドゥ」と発音します。これらは文字単位のフォニックスのルールでは読み方が説明できない単語なのです。

　フォニックスを指導することで，子どもたちの中にある英語の音声を文字とつなげる時にパターンがあることに気づかせること，パターンに収まらないものについては，その単語を繰り返し目にする機会を与えてあげることが必要になります。

4 ▶ 文法について知っておきたいこと

名詞には「服を着せる」

　鉛筆を話題にする際にpencilという名詞を使いますが，ほとんどの場合はpencil単独では使いません。次の例で確認しましょう。

①There is a pencil on the desk.（机の上に鉛筆があります）

②I have three pencils in my pencil case.（私の筆箱には鉛筆が3本入っています）

③Look at the pencil.（その鉛筆を見てください）

④That is my pencil.（あれは私の鉛筆です）

⑤Take out your pencil.（あなたの鉛筆を出してください）

　①と②の文では，pencilが何本あるかがポイントです。1本ならpencilの前にaをつけ，2本以上あればpencilsとsをつけて複数形にします。

　①と③の文では，どちらも1本の鉛筆について話題にしています。①ではpencilにaがついていますが，これは，鉛筆がこの時点で初めて話題にのぼり，すでに話し手と聞き手が特定している鉛筆について話しているわけではないからです。つまり，鉛筆は世の中にたくさんあるけれども，その中の1本の鉛筆が机の上にあるという事実を伝える文になっています。それに対して③の文ではpencilにtheがついています。ここでは話し手と聞き手がどの鉛筆のことかがわかる状況で，特定された1本の鉛筆について話しているからです。もしここで"Look at a pencil."とaをつけて言ってしまうと，「鉛筆であればどの鉛筆でもいいから見てください」という意味になってしまいます。

　④と⑤の文では，それぞれpencilにmyとyourがついています。ここでのポイントは鉛筆の所有者が誰であるかを判断して使うことです。①の文を"That is a pencil."と言ってしまうと，「あれは鉛筆です」という意味になり，言われなくても鉛筆であることは見ればわかるため，あえて言う価値のない文になってしまいます。また⑤の文を"Take out a pencil."とすると，「自分のものでなくてもいいので，何かしらの鉛筆を取り出すように」と伝える文になってしまいます。

　ただし，目に見えないもの（English, love, peaceなど）や決まった形を持たないもの（water, paperなど）はそのままの形でも使います。

例）　I like English. / I want to drink (some) water.

否定形は主語から始める

否定形を作る際に，否定の意味を表すnoやnotを使っていても，正確に意味が伝わらないことがあります。その原因の多くが，主語と動詞を言わないままnoやnotで文を始めていることにあります。

のどが渇いたけれども「水がない」と伝える時に，no waterだけでは，「どこに水がないのか」「誰が水を持っていないのか」「晴れが続いていて断水になっているのか」など伝えたいことがわかりません。"I have no water."と主語から始めて動詞を伴った文にすることで，「自分が水を持っていない」と伝えることができます。

また，教室で児童に赤いボールのイラストを見せて"What's this?"と質問した際に，"Apple."という児童の答えを受けて，「リンゴではない」と伝えるために "No apple." や "Not apple." というフィードバックを耳にすることがありますが，"It's not an apple."のように主語から始め，isという動詞を使う必要があります。notは動詞を否定する語のためです。すでに話題にのぼっているものであれば，単数なら主語にitを使うことができますし，イラストで複数の赤いボールを示しているのであれば，"They are not apples."とtheyを使って答えることができます。

命令文は動詞から始める

活動の指示を出す際のClassroom Englishを使えるようになるために，日本語の指示と1対1対応で英語の表現を覚えていたらきりがありませんね。そこで，命令文のコツをつかむことで，児童に指示を出す表現の幅を広げることができます。

ポイントは日本語と英語の語順の違いに注意することです。児童に「本を開くように」と伝える際に，日本語では「本を開いて」と【名詞⇒動詞】の語順で言います。この語順のまま "*Book open."（*は非文の意味）と言いがちですが，動詞から始めて "Open your book."と言えば正しい英語になります。開くのはその児童が持っている本なので，your bookとyourを使うようにします。CDを聞くように指示を出す際も，"*CD listen."ではなく，まず動詞のlistenから始めて"Listen to the CD."の語順で言います。

この【動詞で始める】の原則に慣れた上で，もう少していねいに言いたければ，文の始めにpleaseをつけ，"Please open your book." "Please listen to the CD."と言えます。また，「みんなで一緒に」と言う時には，文のはじめにlet'sをつけて"Let's listen to the CD."とLet'sの後ろに動詞を続けて言います。

チャンツって何？

　チャンツ（chants）は，英語の文を一定のリズムに乗せて唱えるものです。*We Can!* にも多くのチャンツが扱われていましたから，なじみのある先生も多いのではないでしょうか。

　私たち教師はそもそもなぜ，チャンツを使用するのでしょうか。「教材・教具の活用」の章で触れたように，チャンツはリズミカルなので，繰り返し口ずさむことが子どもたちにとって楽しく，英語独特のリズムやイントネーションを体得できると言われます。また，『小学校外国語活動・外国語研修ハンドブック』（2017）では，「単純な繰り返しの中で，単語を置き換えるなどして，表現を増やすことができる」こともメリットの１つに挙げられています。

　チャンツのメリットと言われるものを子どもたちに還元するためには，まずは，英語独特のリズムやイントネーションが入ったチャンツを選ぶことが大切になります。チャンツを自作する際は最大限の注意が必要です。また，既存のチャンツであっても，不自然なリズムで録音されていないか確認し，そして，教師が音声化する時にリズムが狂わないよう，気を抜かないことが大切です。チャンツのリズムで英語を話した時に，不自然に聞こえないかを先生がしっかり吟味してあげてください。例えば，What color do you like? は「ワット・カラー・ドゥー・ユー・ライク？」ではありません。「ワッカラー・ドゥユゥライク？」が英語の話し言葉のリズムです。せっかく，チャンツで表現を言えるようになっても，それが英語として不自然なイントネーションやリズムをもたらすものであれば，子どもたちには負の影響を与えてしまいます。

　また，チャンツで扱う単語を入れ換えて表現を増やす場合，音の区切り（音節）の数が同じになるように注意します。そうでないとリズムが崩れる場合があります。I like apples. I like lemons. I like bananas. I like strawberries. と口に出してみると，strawberriesだけ他の単語とリズムが違います。他の果物の名前は１音節，いちごはstraw・ber・riesと３音節になっています（英和辞典を引くと，この音の区切りがわかるように単語に「・」を入れて表記されています）。辞書で改めて調べてみてください。リズムに関する情報の確認を怠らないことが大切です。

文部科学省（2017）『小学校外国語活動・外国語研修ハンドブック』

第 **4** 章

付属動画内容解説

1 ▶ 「聞くことから書くこと」への流れ

（1）Sit Down Game（収録時間5分18秒）

　絵カードを利用して建物・場所の語彙をインプットします。児童を一旦立たせて，この1週間で出かけた場所をたずねながら，当てはまる場所の時に座らせます（このような活動をSit Down Gameといいます）。これにより，意味のある中での語彙の導入を行うことができます。

　語彙の意味と音をしっかり結びつけるために，繰り返させるのは行ったところだけにします。

・自分の1週間を振り返り，行ったところだけを繰り返させることにより，聞く英語の分量も増えますし，さらにそこから自分に関わる単語や表現だけを選別する作業をすることになりますので，より熱心に聞く，そして先生の後について繰り返す活動になります。

・語彙を導入する活動ですが，先生が話すときには"You went to a hospital."という文の形で繰り返しています。また，先生がこの文を口にするときには，一息で話しています。単語に焦点を当てようとするあまり，"You went to ... a hospital."と単語を強調した話し方になってしまうと，児童にも同じリズムが伝わってしまいます。"You went to a hospital."の文のリズムを崩さないようにすることが大切です。

・Sit Down Gameは質問さえ変えれば，他の語彙もインプットできます。

・絵カードをはがすときも語彙を聞かせることができます。

・黒板は子どもが意味と音を結びつけるための場ですから，余分なものは提示せずにすっきりさせておきましょう。

（2）歌"I Love the Mountains"（収録時間5分33秒）

> 　歌を通して英語らしい音の流れを身につけさせましょう。最初に音源でも教師の声でもいいので，何回も歌を聞かせておけば，子どもは1行ずつ練習しなくても，歌いやすいところから次第に歌えるようになっていきます。

・黒板に絵カードを貼るのは，英語を聞かせた後にします（"I love the mountains."と歌った後に山の絵を貼ります）。

・黒板に絵カードを貼ったり，指さしたりするときの手の動きでリズムを表します。
・歌を歌う時には，口を大きく動かしている様子がしっかりと子どもたちに見えるように，子どもたちに背を向けずに歌います。
・「口パクで」と指示して，声を出さずに歌わせることにより，自分の音とお手本の音をすり合わせて，違うところに気付かせることができます。
・5分程度であっても何度も繰り返すことにより，最後には歌詞のかなりの部分を子どもたちだけで歌えるようになっていることがわかります。

"I Love the Mountains"　　　　　　　　　　　　　　Traditional

I love the mountains,

I love the rolling hills,

I love the flowers,

I love the daffodils,

I love the fireside when all the lights are low,

Boom-dee-ah-da, boom-dee-ah-da, boom-dee-ah-da, boom-dee,

Boom-dee-ah-da, boom-dee-ah-da, boom-dee-ah-da, boom-dee, boom, boom, boom!

（3）自分たちの住んでいるところの紹介：県のポスターで紹介する
　　場所を考える（収録時間13分55秒）

> （1）で語彙を導入した絵カードを用いて，県のポスターを作成する際に紹介したい場所を尋ねます。児童はやり取りを通して，言葉を使い合う中で，それぞれの語彙の音を蓄え，少しずつ文で言えるようになっていきます。

・ポスターで紹介したい場所を考えて話すのは，「その表現を使いたくなること＝適切な目的・場面・状況の設定」になっています。

・"We have ….,"で児童が止まってしまったら，"An airport? An aquarium? "と単語を発音してあげると，児童が自分の言いたい単語を拾い出して文を作ることができます。

・児童が単語で答えても，教師が文で話すと次第に文でいう児童が現れ始めます。単語だけで答えた子には「え，いきなりそう言うんだっけ？」と働きかけ，文で話すことを促します。

・子どもの反応は，うなずく，日本語で言う，英語で単語を言う，などさまざまですが，教師は基本的に終始一貫"We have a …."と文の形で相槌を打ちます。

・子どもに紹介したい場所を聞いた後に，活動の後の練習として，ぜひとも言いたいものだけを繰り返して言うようにします。

・自分の意思でどれを言うか考えさせることで，児童にとって意味のある活動になります。

・子どもが1人で言う場面を作り，集団にまぎれることのないようにします。

・声の小さな子どもには「大きな声で」と直接的に指示せず「ボリュームの問題です」などと伝えます。

（4）音の世界から文字の世界へ（収録時間10分23秒）

> ワークシートを配布し，教師の言う文を指で追いかけながら聞くことで，音と文字を結びつけます。これはあらかじめ十分聞いたり話したりした音を文字の形で見せるもので，先に文字を示して音声化させるのではないことに注意します。

- （1）で用いた絵カードの中から，先生の言いたいカードを3枚選び，黒板に縦に並べて貼ります。そのカードの前後に

    We have a カード ．（ピリオド）

    と書きます。何度か読んだ後に，カードを外して，castle, airport, stadium の単語をカードが貼ってあった場所に書き込みます。

- 全部が英語の文字になった段階で，自分の言いたい文を選ばせるわけですが，これは，文字を読めているわけではなく，音と文字を結びつけている段階です。

- We have a castle. We have an airport. We have a stadium. の3文を繰り返し言わせて，音と文字を結び付けるためのやり取りをした後，初めてワークシートを配布します。

- ワークシートを配布したら，先生がワークシートに書かれた文を順番に読みます。その時，子どもたちは先生が言った文に沿って指を動かします。順番になぞれているか，音の切れ目でなぞる手が次の行に移っているかを確認しながら，なぞる文を読み上げるスピードを変えています。

- 次に，「いま読んでいるのは何行目でしょうか」と言って，先生が読んでいる文が何行目のものかを当てさせます。文をしっかり聞き取れているか，その聞き取った内容を文字とつなげられているかを確認しています。動画では少しずつ子どもたちの反応が速くなっていることがわかります。

- その後ようやく子どもたちが鉛筆を握ります。自分にとって意味のある内容にさせるために，なぞらせる文は自分の言いたいものにします。

- なぞり終わった児童には「なんてなぞった？」とたずねて音声化させ，音の流れが合っているか確認します。

- 黒板を消すときにも，その文を音声化させて，音と文字の関係を惜しみなく確認します。

（5）教科書・教材を使用したリスニング活動 （収録時間7分39秒）

> 教科書にあるリスニングの問題を扱う際は，いきなり教科書を開いて行うのではなく，事前に十分活動でなじんだ表現を確認するために使ってみましょう。教室でのやり取りをもとに，他の人が話していることを聞いて理解できるか，腕試しさせるつもりで行います。

・活動でなじんだ内容を教科書・教材を使用して確認します。このリスニングの活動は3問ありますが，各問について最初から何度も繰り返して聞かせています。

・動画では3回聞かせましたが，第1問ではstation, convenience store, bookstoreが子どもたちから出てきました。意見が出た後で「本当にそう言っていたか確認してみよう」と導けば，次にどこに注意して聞けばいいのかを1人ひとりが理解して次のリスニングに移ることができます。

・第3問目に登場する建物を子どもたちが推測しています。「次は何が聞こえて来るかな」という問いに対して，単語だけで答えようとする子どもには「いきなり？」と声をかけ，"We have an aquarium."と促します。すると次は"We have an amusement park."との答えが続きます。

・動画中の「駅がなかったら困るもん」という発言から，子どもたちは自分の頭の中で町に想いを馳せながら，英語を聞いていることがわかります。彼らにとっては単なるリスニング問題ではないようです。「1～3のどの町に住みたい？」と尋ねることで，子どもの気持ちがより内容に向くでしょう。

文部科学省（2019）*We Can! 2*, Unit 4, Let's Listen 2

2 ▶ 絵本を使ったやり取り：
Tomorrow's Alphabet（収録時間5分15秒）

絵本を読み聞かせる際は，児童とやり取りをしながら進めます。内容を思い出しながら言う時，子どもの声がだんだん自信ありげになっていきます。

・まずは絵本の表紙を見せ，児童とやり取りを始めます。先生は，"What color can you see on the cover page? "と始めました。orange, yellow, green, purple ...様々な色が登場した後で，本の題名を子どもたちに伝えます。

・絵本を読み聞かせるときには，絵本の内容をくどくどと説明せずにいきなり読み始めます。"A is for seed"まで読んで本の右半分を隠し，その理由を考えさせます。リンゴを見せて"tomorrow's apple."と続けます。

答えがわかると，子どもたちは本の進み方に気がつき，次からはどんどんと推測が口から出て来るようになります。

・児童の反応を見ながら，教師が先に答えを言う部分と，児童に答えを推測させる部分を作っています。

3 ▶ 身近なものを教材に活用する例

（1）算数の数え棒：数の表現（収録時間3分3秒）

> 算数で使用する数え棒を箱に入れて用意します。まず片手で一つかみ握り，児童に手の中にある棒の本数を考えさせ，数を言わせます。その後，1本1本一緒に数えていき，予想が合っているか確かめます。

・子どもが言った数字を黒板に書くことで意味と音が結びつきます。

・ただ単に数字を1から数えることは高学年には苦痛ですが，先生の手の中にある数え棒の本数を数えるのはなかなか楽しいものです。

・子どもたちの英語のレベルに合わせて（先生の手の大きさではなく）つかみ取る棒の数を調整します。

・数が10を超えたあたりから，数字の発音がいい加減になってしまうことが多いです。スピードを落として丁寧に数えさせましょう。

・11〜20，13と30，14と40…などの数が練習できるといいですね。

（2）算数で使う時計：時刻の言い方（収録時間56秒）

> 算数で使用する時計を用意し，文字盤を見ないでランダムに針を動かして，止まった位置の時刻を言わせます。

・単純な活動ですが，児童は集中して取り組みます。

・テンポよく進めるのがコツです。時計の針を動かす練習をしておくと，本番でてこずることがないでしょう。

・短針は1〜12までの数字，長針は1〜60までの数字があります。とっさに2桁の数字を言うのはかなり難しいことです。何度ともなく繰り返し，子どもたちの瞬発力を鍛えましょう。

（3）新聞のチラシ：数・値段の表現（収録時間6分3秒）

> スーパーのチラシを用意し，そこに掲載されている商品（アイスクリームなど）を1つ選んで，児童に値段を当てさせます。

・アイスクリームの値段を当てる，という設定があることで「児童が懸命に頭を働かせている様子」がわかります。
・3分ほどのやり取りですが，先生の豊かな表情と様々なイントネーションの"How much is ice cream?"だけで，主だったやり取りが成立しています。
・答えが出ないときには，"48 yen? 53 yen?"と子どもたちに質問してみましょう。
・品物の値段が3桁になると，英語の数字表現が格段に難しくなります。手を変え品を変え，繰り返し数字を口にする機会を与えてあげましょう。

（4）給食の献立：I like ....の表現（収録時間2分44秒）

> 給食の献立表から，ある1日の献立を選んで読み上げ，好きな食べものの時に手を挙げさせます。

・実際の給食の献立を使用して，好きな食べものを言わせる活動です。
・子どもたちが言えるもの（練習させたいもの），または言いたくなるようなものをあらかじめ探しておきましょう。
・果物，おかずなど，カテゴリーを決めて質問してあげると反応しやすいでしょう（先生も英語の質問をしやすいかもしれません）。

（5）アルファベットの文字遊び（収録時間7分42秒）

最初にABCソングを数回歌い，アルファベットを確認します。

その後，1つの文字を指定して，身の回りの文房具などからその文字を見つけられるか探させます。子どもたちの持ち物には意外と多くのアルファベットが使われており，あらためて驚かされます。

・最初にABCソングを歌うことで，各文字に注目させることができます。

・その際，ポスターなどを貼らずに，黒板に手描きすることで，アルファベットが書かれる場面を見せることができます。

・動画では，左から右へ読むだけでなく，タテ方向や右から左へ読むことで何度もアルファベットにふれています。

・黒板にある文字と同じ形の文字を自分の筆箱の中から探すので，子どもたちは，必要に応じて黒板の文字を見て，ヒントにすることができます。

・文字を組み合わせて，最後に1つの単語ができる活動として行うこともできます。

・慣れてきたら，小文字のa（small a），大文字のB（capital B）など細かく指示を出すこともできます。

4 ▶ 英語らしい発音の練習方法 (pp. 62-64，第3章3参照)

（1）英語らしい発音に近づく強弱アクセントの練習方法 （収録時間6分5秒）

　英語は声の強弱パターンで区別するストレスアクセントを持つ言語です。英語のストレスの「強」の部分の発音は強いだけでなく、「強く，高く，長く，はっきりと」、「弱」の部分は「弱く，低く，短く，あいまいに」発音することを常に意識しましょう。

（2）指立て発音：正しい音節数を身に付ける練習 （収録時間6分16秒）

　英語の単語では「音のかたまり」、「音節」の数を意識しましょう。例えばsaladは日本語で「サラダ」なので、「サ・ラ・ダ」と3つの音のかたまりとして発音してしまう人が多いのですが、英語では2音節の単語です。鉛筆で机を2回叩きながら、同時にSAL・adと発音したり、指を1本、2本と順に立てながらSAL・adと発音して、体の動きとシンクロさせることで、それぞれの単語の正しい音節の数を体に染み込ませましょう。

（3）強弱書道：正しい強弱パターンを体に染み込ませる練習 （収録時間3分40秒）

　強弱のパターンを視覚化した練習方法が「強弱書道」です。毛筆を持っていることをイメージしながら、実際に腕を動かして、「弱」は「弱く，低く，短く，あいまいに」ちょんと点を書き、「強」は「強く，高く，長く，はっきりと」した力強い横棒を書きます。

（4）英文における強弱アクセントの練習 （収録時間3分5秒）

　英文の中で、動詞，名詞，形容詞，副詞など意味内容を伝えるのに中心的な役割をしている語は「強く，高く，長く，はっきりと」、前置詞，be動詞やcanなどの助動詞，I, youなどの人を表す代名詞，冠詞aやthe，接続詞andなどは「弱く，低く，短く，あいまい」に発音します。

タスクって何？

　タスク（task）という言葉は，外国語教育ではどのような意味を持つのでしょうか。白畑・冨田・村野井・若林（2019）では「言語習得を目的として行う課題や作業」と定義されています。

　ロッド・エリス（2003）はタスクの条件として次の4点を挙げています。

①タスクの到達点が明確であること（どうしたらタスクが完了するかを学習者が理解している必要があります）

②タスクの焦点が意味にあること（語句や表現の練習ではなく，普段の生活の中で求められる活動に近いことは，やり取りをする必然性が明らかになるので重要です）

③学習者がタスクを完了するために必要な表現を自由に選べること（何をどんな順番で言おうか，どこでどんな表情やジェスチャーをしようか，ということに学習者が考えを巡らす必要があります）

④タスクが完了した時の明確な成果があること（①と似ていますが，1週間の時間割が完成する，町探検の地図が完成するなどの成果物があるとよいようです）

　タスクを実際の授業に取り入れることのメリットは，教室での学習が，実際に英語を使ってコミュニケーションをする場面に近いので，学習者が真剣に取り組みやすく，英語の必要感を持ちやすいことです。

　そういう視点で，教科書の教材を見てみましょう。たとえば，「町のミニポスターを作ろう」というような活動の場合，①タスクの到達点は，町のポスターを完成させること，②クラスのみんなに自分の町に興味を持ってもらえるような，楽しくて明るい雰囲気のポスターを作ること，③町のおすすめスポットをシンプルな英語表現で伝えること，④日本に1枚しかないわが町のミニポスターが手元に残ること，となるでしょうか。

　これらの条件は教師が独自のタスクを考える時のヒントになります。

Ellis, R. (2003). *Task-based language learning.* Oxford: OUP.

白畑知彦・冨田祐一・村野井仁・若林茂則（2019）『英語教育用語辞典　第3版』大修館書店

コラム 10

TPRって何？

　TPR（ティー・ピー・アール）はTotal Physical Responseの略称であり，「全身反応教授法」と呼ばれます。1960年代に，アメリカの心理学者であるジェームス・J・アッシャーによって提唱された教授法です。

　子どもたちは教師の英語を聞き，その指示に合わせて体を動かします。つまり，彼らにとってはリスニング活動となります。教師は，子どもたち一人一人の体の動きを見て，どの程度，英語が聞き取れているか，理解できているかを確認します（隣の子の動きをこっそり覗き見て，真似している子がいないかに注意を払います）。このように，学習者が指導者の指示を英語で聞き，言語ではなく，直接動作で反応するのがTPRです。

　アッシャーは，子どもが母語を獲得する時に，毎日の生活の中でたくさんの言葉を耳にすること，聞く力が話す力よりも優先されること（リスニング優先理論）にヒントを得て，聞く練習を中心とした指導を提唱しました。発話を求めないので，子どもたちは，心理的なストレスをあまり感じず，比較的リラックスして活動に参加できます。よって，入門期の活動に適しているといわれます。また，語彙や表現の定着にも有効であることがわかっています。

　"Stand up.", "Sit down.", "Raise your hand.", "Make pairs."——英語の授業を行うと，必ず一度は使う表現ですが，このように，TPRに使われる表現の多くが，動作を求める命令文です。そのため，より抽象的な思考が発達する中・上級者には不向きであるとも言われています。ただし，リスニング力に合わせて，学習の焦点をどこにあてるかを変えることは可能で，"Put your pencil on the desk.", "Put your pencil in your pencase.", "Put it near the pencase." と前置詞に注目させたり，"Touch your head.", "Touch your shoulders.", "Touch your knees." のように名詞に焦点化することもできます。さらに，"Masato, come to the black board and draw two circles. One is big and the other one is small. Color red the big circle and color blue the small circle."（マサトさん，黒板のところにきて，2つの円を書きなさい。1つは大きい円，もう1つは小さい円です。大きい円は赤に，小さい円は青に塗りなさい。）のように，かなり長い指示文を出すことによって，話のポイントを押えながら理解できるのかを確認できます。

白畑知彦・冨田祐一・村野井仁・若林茂則（2019）『英語教育用語辞典　第3版』大修館書店

コラム ⑪

児童の個性に応じた対応って何？

　同じ授業を受けても，理解の早い子，勉強以外のことに注意が向いてしまう子，積極的に取り組む子，控えめな子と様々な子どもがいます。また，文部科学省が平成24（2012）年に実施した調査では，発達障害の可能性のある児童が通常学級に在籍している割合は約6.5%という結果となりました。

　語学教育に関する研究分野に学習者要因（individual differences）と呼ばれるものがあります。その1つが学習スタイル（learning style）で，学習者が習性として，情報の識別，概念化，組織化，および課題などの遂行の際に好んで用いる処理の方法を指します。

　アンドリュー・A・コーエン他（2001）の学習スタイルの分類では，学習者を11の観点から分析しています。そのいくつかを紹介しますと，学習者には①視覚優位，聴覚優位，身体感覚優位のグループが存在すること，②外向性と内向性の傾向がある子どもたちがいること，③想像力豊かで，未来志向（新しい考えを受け入れることに抵抗がない）のタイプと，ルーティンを大切にし，現在志向（裏づけがあることを好む）のタイプがあること，④事前に計画を立てることを好むグループと発見学習を好むグループがあること，などです。

　どういうタイプの子どもたちが自分のクラスにいるのかを把握することはとても大切なことです。ただし，難しいのは，見通しが持てないと混乱してしまう子への対応が強すぎると，助けが必要でない子どもまで不要な介入を受けることになり，学びにブレーキをかけてしまうことです。

　最近，はじめにその時間のめあてと授業の流れを板書する授業を目にします。「お友だちに誕生日を聞こう」と黒板に書かれていると，想像力を働かせる余地は微塵もありません。時には，めあてを示すのを活動の後にしたり，ピクチャー・カードを使わずにジェスチャーで言葉の意味を確認したりするのはいかがでしょうか。様々な学習スタイルを教師が認識することで，これまでよりも多くの活動の形が見えてくるはずです。

文部科学省（2012）『通常の学級に在籍する発達障害の可能性のある特別な教育的支援を必要とする児童生徒に関する調査結果について』
Cohen, A. D, Oxford, R. L., & Chi, J. C. (2001). "Learning Style Survey."

　[Cohen, Oxford & Chi（2001）. "Learning Style Survey"

　https://carla.umn.edu/maxsa/documents/LearningStyleSurvey_MAXSA.pdf]

家庭学習はどうする？

　2020年以降，3年生から子どもたちは英語に触れる時間があり，5年生からは教科化されたため，家庭学習について考えることも必要になるかもしれません。

　まずは，児童の負担になりすぎないものを選ぶことが大切です。他教科と異なり，英語の場合には音声を必要とする（音声があったほうがよい）宿題が多くなります。そう考えると，子どもたちがつまずいた場合に，家に助けとなるものが何かしらある，という状況はそう多くはないでしょう。「他教科ではこのくらい宿題を出すから…」と同じだけの分量を宿題として出すのは控えましょう。まずは子どもたちの様子を見ながら判断すべきです。

　同じ理由で，宿題の指示は具体的にしてあげましょう。授業時間内に，必ず全員で宿題を確認することが大切です。「聞く」「話す」活動を宿題にする場合には「今日食べたものを寝る前に3つ言ってみる」「授業で使った○○という表現を使って，お家の人に質問してみる」のように，単語の数や練習する表現を決めておくと，課題に取り組みやすくなります。「読む」「書く」活動を宿題にする場合には，ワークシートのどこを読むのか，何を書くのか，を全員で確認すること，教科書を宿題に使う場合には，宿題の部分に「☆印と日付をつける」など，子どもたちが「ここだ！」とすぐに思い出せる印を決めておくのも一案でしょう。

　「読む」「書く」活動を子どもたちに宿題として与える場合には，彼らが読んだり，書いたりする英語表現を授業内で十分に聞かせておくこと，あるいは話させておくことが重要となります。音での情報が耳に残っていれば，子どもたちは，文字での情報を目にした時に音の情報と合わせて課題に取り組むことができます。音と文字と二方向から問題を解決できるので，達成度が高まります。理想的にはCDなどの音源があるものを宿題に出せるとよいと考えられます。

コラム 13

中学受験の影響は？

　英語の小学校での教科化，さらに大学入試英語改革の影響を受けて，中学受験への「英語導入」が広がっています。

　中学受験の英語の入試は2種類あります。1つめは帰国生を，2つめは一般受験者を対象とした入試です。近年増加傾向にあるのは，後者であり，日本に住む受験生を対象とした「英語選択入試」と呼ばれるものです（2020年度の首都圏中学入試では，前年の125校から16校増えて，計141校となりました）。ただし，「英語」を必須科目としている学校でも，「英語」だけで受験できる中学校はごくわずかです。「英語」を受験科目としている学校は，選択科目としているところがほとんどで，この場合，「英語」を外して受験することも可能になります。

　英語の入学試験の形態は，学校によって多様化しているという現状もあります。従来型の筆記試験を実施している学校もあれば，筆記試験は行わずに，面接試験やグループワークでのリスニング力やスピーキング力を測定する学校もあります。各私立学校の英語教育についての考え方が，入試形態で明らかになりますので，私立中学の見識が問われているともいえるでしょう。

　いずれにせよ，入試に踊らされることなく，コミュニケーション・ツールとしての英語を，子どもたちにとって意味のある文脈の中で使用する体験を繰り返し与えていきたいものです。

付録

小学校学習指導要領
外国語・外国語活動

小学校学習指導要領
（平成29年3月公布）

第 2 章　各教科・第10節　外国語

▶ 第1　目標

　外国語によるコミュニケーションにおける見方・考え方を働かせ，外国語に
よる聞くこと，読むこと，話すこと，書くことの言語活動を通して，コミュニ
ケーションを図る基礎となる資質・能力を次のとおり育成することを目指す。

(1)　外国語の音声や文字，語彙，表現，文構造，言語の働きなどについて，
　　日本語と外国語との違いに気付き，これらの知識を理解するとともに，読
　　むこと，書くことに慣れ親しみ，聞くこと，読むこと，話すこと，書くこ
　　とによる実際のコミュニケーションにおいて活用できる基礎的な技能を身
　　に付けるようにする。

(2)　コミュニケーションを行う目的や場面，状況などに応じて，身近で簡単
　　な事柄について，聞いたり話したりするとともに，音声で十分に慣れ親し
　　んだ外国語の語彙や基本的な表現を推測しながら読んだり，語順を意識し
　　ながら書いたりして，自分の考えや気持ちなどを伝え合うことができる基
　　礎的な力を養う。

(3)　外国語の背景にある文化に対する理解を深め，他者に配慮しながら，主
　　体的に外国語を用いてコミュニケーションを図ろうとする態度を養う。

▶ 第2　各言語の目標及び内容等

英　語

Ⅰ　目標

　英語学習の特質を踏まえ，以下に示す，聞くこと，読むこと，話すこと
[やり取り]，話すこと［発表］，書くことの五つの領域別に設定する目標の
実現を目指した指導を通して，第1の(1)及び(2)に示す資質・能力を一体的に
育成するとともに，その過程を通して，第1の(3)に示す資質・能力を育成す
る。

(1)　聞くこと

　ア　ゆっくりはっきりと話されれば，自分のことや身近で簡単な事柄につ

いて，簡単な語句や基本的な表現を聞き取ることができるようにする。

　イ　ゆっくりはっきりと話されれば，日常生活に関する身近で簡単な事柄
について，具体的な情報を聞き取ることができるようにする。

　ウ　ゆっくりはっきりと話されれば，日常生活に関する身近で簡単な事柄
について，短い話の概要を捉えることができるようにする。

⑵　読むこと

　ア　活字体で書かれた文字を識別し，その読み方を発音することができる
ようにする。

　イ　音声で十分に慣れ親しんだ簡単な語句や基本的な表現の意味が分かる
ようにする。

⑶　話すこと［やり取り］

　ア　基本的な表現を用いて指示，依頼をしたり，それらに応じたりするこ
とができるようにする。

　イ　日常生活に関する身近で簡単な事柄について，自分の考えや気持ちな
どを，簡単な語句や基本的な表現を用いて伝え合うことができるように
する。

　ウ　自分や相手のこと及び身の回りの物に関する事柄について，簡単な語
句や基本的な表現を用いてその場で質問をしたり質問に答えたりして，
伝え合うことができるようにする。

⑷　話すこと［発表］

　ア　日常生活に関する身近で簡単な事柄について，簡単な語句や基本的な
表現を用いて話すことができるようにする。

　イ　自分のことについて，伝えようとする内容を整理した上で，簡単な語
句や基本的な表現を用いて話すことができるようにする。

　ウ　身近で簡単な事柄について，伝えようとする内容を整理した上で，自
分の考えや気持ちなどを，簡単な語句や基本的な表現を用いて話すこと
ができるようにする。

⑸　書くこと

　ア　大文字，小文字を活字体で書くことができるようにする。また，語順
を意識しながら音声で十分に慣れ親しんだ簡単な語句や基本的な表現を
書き写すことができるようにする。

　イ　自分のことや身近で簡単な事柄について，例文を参考に，音声で十分
に慣れ親しんだ簡単な語句や基本的な表現を用いて書くことができるよ
うにする。

2 内容

［第５学年及び第６学年］

［知識及び技能］

(1) **英語の特徴やきまりに関する事項**

　　実際に英語を用いた言語活動を通して，次に示す言語材料のうち，１に示す五つの領域別の目標を達成するのにふさわしいものについて理解するとともに，言語材料と言語活動とを効果的に関連付け，実際のコミュニケーションにおいて活用できる技能を身に付けることができるよう指導する。

　ア　音声

　　　次に示す事項のうち基本的な語や句，文について取り扱うこと。

　　(ア)　現代の標準的な発音

　　(イ)　語と語の連結による音の変化

　　(ウ)　語や句，文における基本的な強勢

　　(エ)　文における基本的なイントネーション

　　(オ)　文における基本的な区切り

　イ　文字及び符号

　　(ア)　活字体の大文字，小文字

　　(イ)　終止符や疑問符，コンマなどの基本的な符号

　ウ　語，連語及び慣用表現

　　(ア)　１に示す五つの領域別の目標を達成するために必要となる，第３学年及び第４学年において第４章外国語活動を履修する際に取り扱った語を含む600〜700語程度の語

　　(イ)　連語のうち，get up，look atなどの活用頻度の高い基本的なもの

　　(ウ)　慣用表現のうち，excuse me，I see，I'm sorry，thank you，you're welcomeなどの活用頻度の高い基本的なもの

　エ　文及び文構造

　　　次に示す事項について，日本語と英語の語順の違い等に気付かせるとともに，基本的な表現として，意味のある文脈でのコミュニケーションの中で繰り返し触れることを通して活用すること。

　　(ア)　文

　　　a　単文

　　　b　肯定，否定の平叙文

　　　c　肯定，否定の命令文

　　　d　疑問文のうち，be動詞で始まるものや助動詞（can，doなど）で

始まるもの，疑問詞（who, what, when, where, why, how）で始
まるもの

　　e　代名詞のうち，I，you，he，sheなどの基本的なものを含むもの

　　f　動名詞や過去形のうち，活用頻度の高い基本的なものを含むもの

　(イ)　文構造

　　a　［主語＋動詞］

　　b　［主語＋動詞＋補語］のうち，

$$\text{主語＋be動詞＋} \left\{ \begin{array}{l} \text{名詞} \\ \text{代名詞} \\ \text{形容詞} \end{array} \right.$$

　　c　［主語＋動詞＋目的語］のうち，

$$\text{主語＋動詞＋} \left\{ \begin{array}{l} \text{名詞} \\ \text{代名詞} \end{array} \right.$$

〔思考力，判断力，表現力等〕

(2)　**情報を整理しながら考えなどを形成し，英語で表現したり，伝え合った
りすることに関する事項**

　　具体的な課題等を設定し，コミュニケーションを行う目的や場面，状況
などに応じて，情報を整理しながら考えなどを形成し，これらを表現する
ことを通して，次の事項を身に付けることができるよう指導する。

　ア　身近で簡単な事柄について，伝えようとする内容を整理した上で，簡
　　単な語句や基本的な表現を用いて，自分の考えや気持ちなどを伝え合う
　　こと。

　イ　身近で簡単な事柄について，音声で十分に慣れ親しんだ簡単な語句や
　　基本的な表現を推測しながら読んだり，語順を意識しながら書いたりす
　　ること。

(3)　**言語活動及び言語の働きに関する事項**

①　言語活動に関する事項

　　(2)に示す事項については，(1)に示す事項を活用して，例えば次のような
言語活動を通して指導する。

　ア　聞くこと

　(ア)　自分のことや学校生活など，身近で簡単な事柄について，簡単な語
　　句や基本的な表現を聞いて，それらを表すイラストや写真などと結び
　　付ける活動。

　(イ)　日付や時刻，値段などを表す表現など，日常生活に関する身近で簡

単な事柄について，具体的な情報を聞き取る活動。

(ｳ) 友達や家族，学校生活など，身近で簡単な事柄について，簡単な語句や基本的な表現で話される短い会話や説明を，イラストや写真などを参考にしながら聞いて，必要な情報を得る活動。

イ 読むこと

(ｱ) 活字体で書かれた文字を見て，どの文字であるかやその文字が大文字であるか小文字であるかを識別する活動。

(ｲ) 活字体で書かれた文字を見て，その読み方を適切に発音する活動。

(ｳ) 日常生活に関する身近で簡単な事柄を内容とする掲示やパンフレットなどから，自分が必要とする情報を得る活動。

(ｴ) 音声で十分に慣れ親しんだ簡単な語句や基本的な表現を，絵本などの中から識別する活動。

ウ 話すこと［やり取り］

(ｱ) 初対面の人や知り合いと挨拶を交わしたり，相手に指示や依頼をして，それらに応じたり断ったりする活動。

(ｲ) 日常生活に関する身近で簡単な事柄について，自分の考えや気持ちなどを伝えたり，簡単な質問をしたり質問に答えたりして伝え合う活動。

(ｳ) 自分に関する簡単な質問に対してその場で答えたり，相手に関する簡単な質問をその場でしたりして，短い会話をする活動。

エ 話すこと［発表］

(ｱ) 時刻や日時，場所など，日常生活に関する身近で簡単な事柄を話す活動。

(ｲ) 簡単な語句や基本的な表現を用いて，自分の趣味や得意なことなどを含めた自己紹介をする活動。

(ｳ) 簡単な語句や基本的な表現を用いて，学校生活や地域に関することなど，身近で簡単な事柄について，自分の考えや気持ちなどを話す活動。

オ 書くこと

(ｱ) 文字の読み方が発音されるのを聞いて，活字体の大文字，小文字を書く活動。

(ｲ) 相手に伝えるなどの目的を持って，身近で簡単な事柄について，音声で十分に慣れ親しんだ簡単な語句を書き写す活動。

(ｳ) 相手に伝えるなどの目的を持って，語と語の区切りに注意して，身

近で簡単な事柄について，音声で十分に慣れ親しんだ基本的な表現を書き写す活動。

(エ) 相手に伝えるなどの目的を持って，名前や年齢，趣味，好き嫌いなど，自分に関する簡単な事柄について，音声で十分に慣れ親しんだ簡単な語句や基本的な表現を用いた例の中から言葉を選んで書く活動。

② 言語の働きに関する事項

言語活動を行うに当たり，主として次に示すような言語の使用場面や言語の働きを取り上げるようにする。

ア 言語の使用場面の例

(ア) 児童の身近な暮らしに関わる場面

・家庭での生活　　　　・学校での学習や活動

・地域の行事　など

(イ) 特有の表現がよく使われる場面

・挨拶　　・自己紹介　　　・買物

・食事　　・道案内　　　　・旅行　など

イ 言語の働きの例

(ア) コミュニケーションを円滑にする

・挨拶をする　　　・呼び掛ける　　　・相づちを打つ

・聞き直す　　　　・繰り返す　など

(イ) 気持ちを伝える

・礼を言う　　　　・褒める　　　　　・謝る　など

(ウ) 事実・情報を伝える

・説明する　　　　・報告する　　　　・発表する　など

(エ) 考えや意図を伝える

・申し出る　　　　・意見を言う　　　・賛成する

・承諾する　　　　・断る　など

(オ) 相手の行動を促す

・質問する　　　　・依頼する　　　　・命令する　など

3 指導計画の作成と内容の取扱い

(1) 指導計画の作成に当たっては，第3学年及び第4学年並びに中学校及び高等学校における指導との接続に留意しながら，次の事項に配慮するものとする。

ア 単元など内容や時間のまとまりを見通して，その中で育む資質・能力の育成に向けて，児童の主体的・対話的で深い学びの実現を図るように

すること。その際，具体的な課題等を設定し，児童が外国語によるコミュニケーションにおける見方・考え方を働かせながら，コミュニケーションの目的や場面，状況などを意識して活動を行い，英語の音声や語彙，表現などの知識を，五つの領域における実際のコミュニケーションにおいて活用する学習の充実を図ること。

イ　学年ごとの目標を適切に定め，２学年間を通じて外国語科の目標の実現を図るようにすること。

ウ　実際に英語を使用して互いの考えや気持ちを伝え合うなどの言語活動を行う際は，２の(1)に示す言語材料について理解したり練習したりするための指導を必要に応じて行うこと。また，第３学年及び第４学年において第４章外国語活動を履修する際に扱った簡単な語句や基本的な表現などの学習内容を繰り返し指導し定着を図ること。

エ　児童が英語に多く触れることが期待される英語学習の特質を踏まえ，必要に応じて，特定の事項を取り上げて第１章総則の第２の３の(2)のウの（イ）に掲げる指導を行うことにより，指導の効果を高めるよう工夫すること。このような指導を行う場合には，当該指導のねらいやそれを関連付けて指導を行う事項との関係を明確にするとともに，単元など内容や時間のまとまりを見通して資質・能力が偏りなく育成されるよう計画的に指導すること。

オ　言語活動で扱う題材は，児童の興味・関心に合ったものとし，国語科や音楽科，図画工作科など，他の教科等で児童が学習したことを活用したり，学校行事で扱う内容と関連付けたりするなどの工夫をすること。

カ　障害のある児童などについては，学習活動を行う場合に生じる困難さに応じた指導内容や指導方法の工夫を計画的，組織的に行うこと。

キ　学級担任の教師又は外国語を担当する教師が指導計画を作成し，授業を実施するに当たっては，ネイティブ・スピーカーや英語が堪能な地域人材などの協力を得る等，指導体制の充実を図るとともに，指導方法の工夫を行うこと。

(2)　２の内容の取扱いについては，次の事項に配慮するものとする。

ア　２の(1)に示す言語材料については，平易なものから難しいものへと段階的に指導すること。また，児童の発達の段階に応じて，聞いたり読んだりすることを通して意味を理解できるように指導すべき事項と，話したり書いたりして表現できるように指導すべき事項とがあることに留意すること。

イ　音声指導に当たっては，日本語との違いに留意しながら，発音練習などを通して２の(1)のアに示す言語材料を指導すること。また，音声と文字とを関連付けて指導すること。

ウ　文や文構造の指導に当たっては，次の事項に留意すること。

　(ア)　児童が日本語と英語との語順等の違いや，関連のある文や文構造のまとまりを認識できるようにするために，効果的な指導ができるよう工夫すること。

　(イ)　文法の用語や用法の指導に偏ることがないよう配慮して，言語活動と効果的に関連付けて指導すること。

エ　身近で簡単な事柄について，友達に質問をしたり質問に答えたりする力を育成するため，ペア・ワーク，グループ・ワークなどの学習形態について適宜工夫すること。その際，他者とコミュニケーションを行うことに課題がある児童については，個々の児童の特性に応じて指導内容や指導方法を工夫すること。

オ　児童が身に付けるべき資質・能力や児童の実態，教材の内容などに応じて，視聴覚教材やコンピュータ，情報通信ネットワーク，教育機器などを有効活用し，児童の興味・関心をより高め，指導の効率化や言語活動の更なる充実を図るようにすること。

カ　各単元や各時間の指導に当たっては，コミュニケーションを行う目的，場面，状況などを明確に設定し，言語活動を通して育成すべき資質・能力を明確に示すことにより，児童が学習の見通しを立てたり，振り返ったりすることができるようにすること。

(3)　教材については，次の事項に留意するものとする。

ア　教材は，聞くこと，読むこと，話すこと［やり取り］，話すこと［発表］，書くことなどのコミュニケーションを図る基礎となる資質・能力を総合的に育成するため，１に示す五つの領域別の目標と２に示す内容との関係について，単元など内容や時間のまとまりごとに各教材の中で明確に示すとともに，実際の言語の使用場面や言語の働きに十分配慮した題材を取り上げること。

イ　英語を使用している人々を中心とする世界の人々や日本人の日常生活，風俗習慣，物語，地理，歴史，伝統文化，自然などに関するものの中から，児童の発達の段階や興味・関心に即して適切な題材を変化をもたせて取り上げるものとし，次の観点に配慮すること。

　(ア)　多様な考え方に対する理解を深めさせ，公正な判断力を養い豊かな

心情を育てることに役立つこと。

　　㋑　我が国の文化や，英語の背景にある文化に対する関心を高め，理解を深めようとする態度を養うことに役立つこと。

　　㋒　広い視野から国際理解を深め，国際社会と向き合うことが求められている我が国の一員としての自覚を高めるとともに，国際協調の精神を養うことに役立つこと。

その他の外国語

　その他の外国語については，英語の1に示す五つの領域別の目標，2に示す内容及び3に示す指導計画の作成と内容の取扱いに準じて指導を行うものとする。

▶ 第3　指導計画の作成と内容の取扱い

1　外国語科においては，英語を履修させることを原則とすること。
2　第1章総則の第1の2の(2)に示す道徳教育の目標に基づき，道徳科などとの関連を考慮しながら，第3章特別の教科道徳の第2に示す内容について，外国語科の特質に応じて適切な指導をすること。

第 4 章　外国語活動

▶ 第1　目標

　外国語によるコミュニケーションにおける見方・考え方を働かせ，外国語による聞くこと，話すことの言語活動を通して，コミュニケーションを図る素地となる資質・能力を次のとおり育成することを目指す。

(1)　外国語を通して，言語や文化について体験的に理解を深め，日本語と外国語との音声の違い等に気付くとともに，外国語の音声や基本的な表現に慣れ親しむようにする。

(2)　身近で簡単な事柄について，外国語で聞いたり話したりして自分の考えや気持ちなどを伝え合う力の素地を養う。

(3)　外国語を通して，言語やその背景にある文化に対する理解を深め，相手に配慮しながら，主体的に外国語を用いてコミュニケーションを図ろうと

する態度を養う。

▶ 第2　各言語の目標及び内容等

英　語

I　目標

　英語学習の特質を踏まえ，以下に示す，聞くこと，話すこと［やり取り］，話すこと［発表］の三つの領域別に設定する目標の実現を目指した指導を通して，第1の(1)及び(2)に示す資質・能力を一体的に育成するとともに，その過程を通して，第1の(3)に示す資質・能力を育成する。

(1)　聞くこと

　ア　ゆっくりはっきりと話された際に，自分のことや身の回りの物を表す簡単な語句を聞き取るようにする。

　イ　ゆっくりはっきりと話された際に，身近で簡単な事柄に関する基本的な表現の意味が分かるようにする。

　ウ　文字の読み方が発音されるのを聞いた際に，どの文字であるかが分かるようにする。

(2)　話すこと［やり取り］

　ア　基本的な表現を用いて挨拶，感謝，簡単な指示をしたり，それらに応じたりするようにする。

　イ　自分のことや身の回りの物について，動作を交えながら，自分の考えや気持ちなどを，簡単な語句や基本的な表現を用いて伝え合うようにする。

　ウ　サポートを受けて，自分や相手のこと及び身の回りの物に関する事柄について，簡単な語句や基本的な表現を用いて質問をしたり質問に答えたりするようにする。

(3)　話すこと［発表］

　ア　身の回りの物について，人前で実物などを見せながら，簡単な語句や基本的な表現を用いて話すようにする。

　イ　自分のことについて，人前で実物などを見せながら，簡単な語句や基本的な表現を用いて話すようにする。

　ウ　日常生活に関する身近で簡単な事柄について，人前で実物などを見せながら，自分の考えや気持ちなどを，簡単な語句や基本的な表現を用いて話すようにする。

2 内容

［第３学年及び第４学年］

［知識及び技能］

(1) 英語の特徴等に関する事項

　　実際に英語を用いた言語活動を通して，次の事項を体験的に身に付ける
ことができるよう指導する。

　ア　言語を用いて主体的にコミュニケーションを図ることの楽しさや大切
　　さを知ること。

　イ　日本と外国の言語や文化について理解すること。

　　㋐　英語の音声やリズムなどに慣れ親しむとともに，日本語との違いを
　　　知り，言葉の面白さや豊かさに気付くこと。

　　㋑　日本と外国との生活や習慣，行事などの違いを知り，多様な考え方
　　　があることに気付くこと。

　　㋒　異なる文化をもつ人々との交流などを体験し，文化等に対する理解
　　　を深めること。

［思考力，判断力，表現力等］

(2) 情報を整理しながら考えなどを形成し，英語で表現したり，伝え合った
りすることに関する事項

　　具体的な課題等を設定し，コミュニケーションを行う目的や場面，状況
などに応じて，情報や考えなどを表現することを通して，次の事項を身に
付けることができるよう指導する。

　ア　自分のことや身近で簡単な事柄について，簡単な語句や基本的な表現
　　を使って，相手に配慮しながら，伝え合うこと。

　イ　身近で簡単な事柄について，自分の考えや気持ちなどが伝わるよう，
　　工夫して質問をしたり質問に答えたりすること。

(3) 言語活動及び言語の働きに関する事項

① 言語活動に関する事項

　　(2)に示す事項については，(1)に示す事項を活用して，例えば次のような
言語活動を通して指導する。

　ア　聞くこと

　　㋐　身近で簡単な事柄に関する短い話を聞いておおよその内容を分かっ
　　　たりする活動。

　　㋑　身近な人や身の回りの物に関する簡単な語句や基本的な表現を聞い
　　　て，それらを表すイラストや写真などと結び付ける活動。

(ｳ)　文字の読み方が発音されるのを聞いて，活字体で書かれた文字と結び付ける活動。

　イ　話すこと［やり取り］

　　(ｱ)　知り合いと簡単な挨拶を交わしたり，感謝や簡単な指示，依頼をして，それらに応じたりする活動。

　　(ｲ)　自分のことや身の回りの物について，動作を交えながら，好みや要求などの自分の気持ちや考えなどを伝え合う活動。

　　(ｳ)　自分や相手の好み及び欲しい物などについて，簡単な質問をしたり質問に答えたりする活動。

　ウ　話すこと［発表］

　　(ｱ)　身の回りの物の数や形状などについて，人前で実物やイラスト，写真などを見せながら話す活動。

　　(ｲ)　自分の好き嫌いや，欲しい物などについて，人前で実物やイラスト，写真などを見せながら話す活動。

　　(ｳ)　時刻や曜日，場所など，日常生活に関する身近で簡単な事柄について，人前で実物やイラスト，写真などを見せながら，自分の考えや気持ちなどを話す活動。

② 言語の働きに関する事項

　　言語活動を行うに当たり，主として次に示すような言語の使用場面や言語の働きを取り上げるようにする。

　ア　言語の使用場面の例

　　(ｱ)　児童の身近な暮らしに関わる場面

　　　・家庭での生活　　　・学校での学習や活動

　　　・地域の行事　　　・子供の遊び　など

　　(ｲ)　特有の表現がよく使われる場面

　　　・挨拶　　・自己紹介　　　・買物

　　　・食事　　・道案内　など

　イ　言語の働きの例

　　(ｱ)　コミュニケーションを円滑にする

　　　・挨拶をする　　　・相づちを打つ　など

　　(ｲ)　気持ちを伝える

　　　・礼を言う　　　・褒める　など

　　(ｳ)　事実・情報を伝える

　　　・説明する　　　・答える　など

(ェ)　考えや意図を伝える

　　　　・申し出る　　　　・意見を言う　　など

　　(ォ)　相手の行動を促す

　　　　・質問する　　　　・依頼する　　・命令する　　など

３　指導計画の作成と内容の取扱い

(1)　指導計画の作成に当たっては，第５学年及び第６学年並びに中学校及び
　高等学校における指導との接続に留意しながら，次の事項に配慮するもの
　とする。

　　ア　単元など内容や時間のまとまりを見通して，その中で育む資質・能力
　　　の育成に向けて，児童の主体的・対話的で深い学びの実現を図るように
　　　すること。その際，具体的な課題等を設定し，児童が外国語によるコミ
　　　ュニケーションにおける見方・考え方を働かせながら，コミュニケーシ
　　　ョンの目的や場面，状況などを意識して活動を行い，英語の音声や語彙，
　　　表現などの知識を，三つの領域における実際のコミュニケーションにお
　　　いて活用する学習の充実を図ること。

　　イ　学年ごとの目標を適切に定め，２学年間を通じて外国語活動の目標の
　　　実現を図るようにすること。

　　ウ　実際に英語を用いて互いの考えや気持ちを伝え合うなどの言語活動を
　　　行う際は，２の(1)に示す事項について理解したり練習したりするための
　　　指導を必要に応じて行うこと。また，英語を初めて学習することに配慮
　　　し，簡単な語句や基本的な表現を用いながら，友達との関わりを大切に
　　　した体験的な言語活動を行うこと。

　　エ　言語活動で扱う題材は，児童の興味・関心に合ったものとし，国語科
　　　や音楽科，図画工作科など，他教科等で児童が学習したことを活用した
　　　り，学校行事で扱う内容と関連付けたりするなどの工夫をすること。

　　オ　外国語活動を通して，外国語や外国の文化のみならず，国語や我が国
　　　の文化についても併せて理解を深めるようにすること。言語活動で扱う
　　　題材についても，我が国の文化や，英語の背景にある文化に対する関心
　　　を高め，理解を深めようとする態度を養うのに役立つものとすること。

　　カ　障害のある児童などについては，学習活動を行う場合に生じる困難さ
　　　に応じた指導内容や指導方法の工夫を計画的，組織的に行うこと。

　　キ　学級担任の教師又は外国語活動を担当する教師が指導計画を作成し，
　　　授業を実施するに当たっては，ネイティブ・スピーカーや英語が堪能な
　　　地域人材などの協力を得る等，指導体制の充実を図るとともに，指導方

法の工夫を行うこと。

(2)　2の内容の取扱いについては，次の事項に配慮するものとする。

　　ア　英語でのコミュニケーションを体験させる際は，児童の発達の段階を考慮した表現を用い，児童にとって身近なコミュニケーションの場面を設定すること。

　　イ　文字については，児童の学習負担に配慮しつつ，音声によるコミュニケーションを補助するものとして取り扱うこと。

　　ウ　言葉によらないコミュニケーションの手段もコミュニケーションを支えるものであることを踏まえ，ジェスチャーなどを取り上げ，その役割を理解させるようにすること。

　　エ　身近で簡単な事柄について，友達に質問をしたり質問に答えたりする力を育成するため，ペア・ワーク，グループ・ワークなどの学習形態について適宜工夫すること。その際，相手とコミュニケーションを行うことに課題がある児童については，個々の児童の特性に応じて指導内容や指導方法を工夫すること。

　　オ　児童が身に付けるべき資質・能力や児童の実態，教材の内容などに応じて，視聴覚教材やコンピュータ，情報通信ネットワーク，教育機器などを有効活用し，児童の興味・関心をより高め，指導の効率化や言語活動の更なる充実を図るようにすること。

　　カ　各単元や各時間の指導に当たっては，コミュニケーションを行う目的，場面，状況などを明確に設定し，言語活動を通して育成すべき資質・能力を明確に示すことにより，児童が学習の見通しを立てたり，振り返ったりすることができるようにすること。

▶ 第3　指導計画の作成と内容の取扱い

1　外国語活動においては，言語やその背景にある文化に対する理解が深まるよう指導するとともに，外国語による聞くこと，話すことの言語活動を行う際は，英語を取り扱うことを原則とすること。

2　第1章総則の第1の2の(2)に示す道徳教育の目標に基づき，道徳科などとの関連を考慮しながら，第3章特別の教科道徳の第2に示す内容について，外国語活動の特質に応じて適切な指導をすること。

索引

執筆者一覧（五十音順，[　　]内は執筆箇所，＊は編者）

　　阿野幸一（文教大学教授）［第3章4］

　　太田　洋（東京家政大学教授）［第3章2］

＊粕谷恭子（東京学芸大学教授）［第2章］

　　新海かおる（埼玉県春日部市立武里小学校教諭）［第1章5－6］

　　高山芳樹（東京学芸大学教授）［第3章3］

　　竹内知子（宮代町教育委員会指導主事）［第1章1－4］

　　長沼久美子（神奈川県横須賀市立鶴久保小学校教諭）［第1章7－8］

　　日臺滋之（玉川大学教授）［第3章1］

＊物井尚子（千葉大学准教授）［はじめに，コラム］

　　萬谷隆一（北海道教育大学札幌校教授）［第1章9－11］

動画撮影協力

　　四家崇史（千葉大学教育学部附属小学校教諭）

　　清水　祐（千葉県鴨川市立西条小学校教諭）

　　千葉大学教育学部附属小学校5年生児童有志

[編者紹介]

金谷 憲（かなたに　けん）
　東京学芸大学名誉教授。東京大学大学院博士課程単位取得退学，文学修士。スタンフォード大学博士課程単位取得退学。英語教育学専攻。
　主な著書に『高校英語授業を変える！』（アルク），『英語教育熱』（研究社）などがある。

粕谷 恭子（かすや　きょうこ）
　東京学芸大学教授。横浜国立大学大学院教育学研究科修士課程修了。英語教育学専攻。
　主な著書に『わかる・できる！　英語授業のひと工夫 明日から使える26事例』（光文書院）などがある。

物井 尚子（ものい　なおこ）
　千葉大学准教授。米国テンプル大学大学院博士課程修了，教育学博士。英語教育学専攻。
　主な著書に『小学校で英語を教えるためのミニマム・エッセンシャルズ 小学校外国語科内容論』（三省堂）などがある。

[動画中使用教材]
text and art from pages 4-11, 20-21, 24-25 from *Tomorrow's Alphabet* by George Shannon Illustrated By: Donald Crews. TEXT COPYRIGHT © 1995 BY GEORGE SHANNON. ILLUSTRATIONS COPYRIGHT © 1995 BY DONALD CREWS. Used by permission of HarperCollins Publishers.

[動画でわかる] 英語授業ハンドブック 〈小学校編〉
© Kanatani Ken, Kasuya Kyoko, & Monoi Naoko, 2021　　　　　NDC375/viii, 103p/26cm

初版第1刷——2021年2月20日

編　者———金谷憲・粕谷恭子・物井尚子
発行者———鈴木一行
発行所———株式会社 大修館書店
　　　　　　〒113-8541　東京都文京区湯島2-1-1
　　　　　　電話 03-3868-2651（販売部）　03-3868-2294（編集部）
　　　　　　振替 00190-7-40504
　　　　　　[出版情報] https://www.taishukan.co.jp

装丁者———朝日メディアインターナショナル
組　版———明昌堂
印刷所———壮光舎印刷
製本所———難波製本

ISBN 978-4-469-04186-6　Printed in Japan